ゆがむメディア ゆがむ社会

ポピュリズムの時代をふまえて

北口末広
kitaguchi suehiro

解放出版社

はじめに

現在、ＩＴ（情報技術）革命が恐るべきスピードで進化している。それが政治、経済、人権を含むあらゆる分野を劇的に変えようとしている。

テレビ、新聞に代表される既存マスメディアは情報産業として、情報を収集し、分析し、広めるために多くの情報製作スタッフと情報技術、情報装置が必要であった。そうでなければ大きな影響を与えるマスメディアにはなれなかった。また二〇世紀に創業した既存メディア企業はほとんどの場合、一定のルールと倫理観とを保持していた。それらのビジネスモデルが、今日のＩＴ革命の影響で大きく変化しようとしている。個人がマスメディア的な力をも持てるまでになった。ネットワークにつながったコンピュータとそれを使いこなせる知識と技術があれば、マスメディアに近い影響力を持つことが可能になった。これは表現の自由を大きく前進させた。力のなかった個人が強力に社会に発信することもできるようになった。ある面では極めて素晴らしいことである。しかし光が強くなればなるほど影も濃くなるといわれるように多くの問題を生み出した。

人権面では表現の自由という名の下に差別表現や差別扇動、人権侵害表現が大量に拡散していくことになった。人々の差別意識や偏見が日常会話で雑談するように、あるいは不満を独り言でつぶやくように電子空間で爆発するようになった。これは二〇世紀までの情報のあり方との根本的な違いである。こうした個人がもつマスメディア的な力が、政治や経済にも多大な影響を与えた。経済分野では少ない財源で企業を立ち上げ、短期間で飛躍的な業績を上げることが可能になった。インターネットやIT革命の成果を活用すれば、少ない人数でも大きなシステムを運用することができるようになり、多くの人々の消費行動等にかなりの影響を与えることができるようになった。その典型がグーグルやフェイスブックに代表されるプラットフォーム型企業である。一九九八年に一〇〇〇万円で創業したグーグルは、六年後の二〇〇四年に株式公開したとき、その時価総額は四兆数千億円に達し、その一〇年後の二〇一四年には一〇倍の四三兆円になった。

このように政治や経済、社会に与えた影響は、政治と密接に関わる市民運動等にも現れた。最近の世界的な政治傾向を分析すると、ポピュリズムの蔓延が顕著である。人と人とをつなぎ、表現の自由を強固にするはずであったインターネットは、分断と差別、ポピュリズムの道具になってしまったと言っても過言ではない。

今日のＩＴ革命は、個人をマスメディア的にしただけではない。既存マスメディアは、情報を広く速く発信することが中心であったが、今日の情報関連企業は、情報を発信するだけではなく、ＡＩ（人工知能）を活用して個人データをはじめとする大量の情報を収集し分析し活用するという新たな側面をもつようになった。これがこれまでのマスメディアとの根本的な違いである。ビッグデータを活用した情報分析は、情報発信のあり方まで変え、政治、経済、社会のあり方を根底から変えようとしている。

本書は、上記のような情報環境の劇的な変化を紹介しつつ、既存メディアであるテレビや新聞等の問題点を指摘することによって、メディアと社会のあり様や情報リテラシーの重要性を理解していただくために執筆した。

とりわけ第一章の「ＩＴ（情報技術）革命と政治・人権・メディア」で、「トランプ現象とポピュリズム」について論じ、既存メディアの多くの予想を覆して、「まさか」の結果になった二〇一六年の米国大統領選挙を情報・宣伝の視点で分析した。米国内の白人ブルーカラーの鬱積した不満、被害者意識と優越意識が重なるときにどのように差別意識が強化されるのかを分析した。またトランプ陣営の巧みな情報戦略が「不満」を爆発させた手法等について論じ、強いリーダーシップを演出するために大手メディア報道を逆手にとる広報戦略等についても紹介した。そうしたなかで情報流通の劇的な変化について触れ、有権者の求める政策やキーワードもＡＩが作成している現実を述べた。

またフェイク（虚偽）とファクト（事実）についても論じ、既存の新聞メディアの問題点を具体的事例を挙げながら紹介した。

一方、フェイクニュースの伝わるスピードと広がりの大きさが、ファクトに比較して拡散力は一〇〇倍で拡散速度は二〇倍と圧倒していることを指摘した。さらにフェイクニュースがサイバー「兵器」になっている事実も解説し、半世紀で犯罪のあり方も激変したことを述べた。

さらにＩＴ革命と個人データの蒐集《しゅうしゅう》について述べ、個人データが今日の経済活動に多大な影響を与えている現実を紹介した。スマートフォンだけでも全世界で三〇億個以上が所有され、それらを通じて多くの個人データが日々蒐集されている現実を明らかにし、個人が押す「いいね」やウェブ上の閲覧履歴、キーワード検索履歴が分析されることによって、個人のプロフィールや思想信条、趣味嗜好が把握されている実態を明らかにした。そうした分析を基に個人を対象にターゲット広告までもが可能になっている現実を紹介した。また各々の個人が好むニュースが、個人ごとにラインナップされて届けられることによって、思想傾向や価値観がより一層偏り過激化する実態を分析した。

それらに加えてＩＴ革命の進化によって、フェイクであると見分けることも難しい「ディープフェイク」が登場している現実と、これらのディープフェイクがサイバー戦争の手段に悪用される可能性が高くなっていることを指摘し、ディープフェイクが与える甚大な影響を分析した。こうした現実が民主主義の崩壊や経済の混乱等につながっていることについても言及した。具体的には個人を対象にしたマイクロターゲット政治宣伝も可能になっている事実を紹介し、「マイクロマスメディア」とも呼ぶべき状況が深化していることを記した。「マイクロマスメディア」は私が考案した造語である。先述したように既存マスメディアは、同じ情報を不特定多数の人々に広めるというものであったが、マイクロマスメディアは個人の思想信条や趣味嗜好を分析した上で、大多数の特定個人へ異なった内容の宣伝や情報を大量に送付できるようなったマスメディアという意味で造った言葉である。

また情報の暴走と超ポピュリズム的状況になっている現実を分析し、ＩＴ革命が恐るべきスピードで進化し、電子空間で爆発する差別扇動についても触れた。第二章以下では既存メディアの問題点や社会に大きな影響をもつ政治家の誤った発言とメディアの対応等についても詳述した。本書が読者にとって激変するメディアと社会への関心につながれば幸いである。

ゆがむメディア ゆがむ社会――ポピュリズムの時代をふまえて◉もくじ

第一章 IT（情報技術）革命と政治・人権・メディア

1 トランプ現象とポピュリズム（大衆迎合主義）

●「まさか」の結果になった米国大統領選挙

二〇一六年一一月九日、米国大統領選挙でドナルド・トランプ候補の当選が確実になった。多くのメディアの予想を覆す結果であり、全世界に驚きをもって受け止められた。予備選を含めた大統領選挙戦での彼の暴言にも近い発言は、多くの米国市民に大統領候補としてふさわしくないとの認識を抱かせた。しかし投票結果はトランプ候補の勝利に終わった。クリントン候補のほうが投票者の多数を獲得したが、米国大統領選挙のしくみによって、トランプ候補が大統領選挙人の多数派を握った。世界の多くの人々も「まさか」の結果に今後の国際政治や経済に大きな不安を抱いた。その不安は的中し国際社会に多くの混乱をもたらした。

なぜ「まさか」の結果になったのか、多くの米国内外のメディアが多様な分析を試みている。冷静に分析していくと激戦州の一～二％がトランプからクリントンに投票先を変えるだけで選挙結果は間違いなく逆転したことがわかる。その選挙結果に多大な影響を与えたのが現代版マスメディアともいわれるＳＮＳ（ソーシャルネットワーキング・サービス）である。私は「マイクロマスメディア」と呼んでいる。

大方の予想を覆す結果になったことを「ＳＮＳ」を含めた「社会」、「情報」、「歴史」、「公約」をキーワードに分析していきたい。

●ブルーカラーの不満が鬱積

まず米国の「社会」は、私たちが認識している以上にブルーカラーの不満が鬱積していたという現実である。一九八〇年代からの新自由主義的経済手法とそれにともなうグローバリゼーションによって、資本は安い労働力を求めて世界を闊歩し、自国内に低賃金労働者を多数生みだし、格差拡大社会を深化させた。こうした社会で格差の底辺層にいる人々は、大きな不満を抱く。

本来、これらの人々は新自由主義を推進した米国共和党ではなく、どちらかといえば格差縮小を目指す民主党候補に投票すべきであった。しかし多くは共和党候補のトランプに投票した。なぜならトランプのほうが経済のグローバリゼーションを否定し、TPP（環太平洋経済連携協定）やNAFTA（北米自由貿易協定）を明確に否定することによって、格差拡大の中で没落したブルーカラー層の不満に応えたからである。

民主党の予備選でバーニー・サンダース氏が善戦したのもこうした人々の支持があったからである。サンダース支持者の一定層が、トランプに投票したという結果が出ているのも、格差拡大とりわけ中間層から没落した人々という共通の支持層があったからである。

●被害者意識と優越意識が重なるとき

米国調査会社センティア・リサーチは、一九九六年から二〇一四年の間に高卒白人男性の一人あたりの収入は「九％減少」した反面、大卒白人男性の収入は「二三％増加」したとのデータを公表している。自明のことであるが、収入が下落した高卒白人男性の不満や被害者意識は、トランプの極端なまでの明確な反グローバリゼーションで、米国第一主義の扇動的主張に引き寄せられた。それは白人男性だけではない。白人以外の同じような立場にある人々も同様の思考をもった。

かつて拙著で「歴史」的な視点として、ナチス時代のドイツ国民がなぜナチス党（国粋社会主義ドイツ労働者党）を支持したのかを述べたときにも同様の分析を行った。

一九二九年の世界大恐慌でドイツ経済が壊滅状態に陥ると失業率は二〇％を超えた。一九三一年には失業者は五〇〇万人（一説では六五〇万人）に達した。これらの経済的大不況によって、多くの国民生活も疲弊した。とりわけ中間層は、ワイマール体制が自分たちの生活を崩壊させたと思うようになり、そうした体制を創り出した政治への不満が増大した。そして自らの「苦境を作り出した人々」を攻撃してくれるナチスに喝采を送った。今回の米国大統領選挙も基本的には同じ構図であり、一言でいってしまえばポピュリズムの結果である。いつの時代も「被害者意識」と「優越意識」が重なるとき、差別助長の攻撃的エネルギーは拡大していく。

●巧みな情報戦略が「不満」を爆発させた

さらに米国大統領選挙のトランプ陣営の巧みさは、その「情報」戦略にあるといえる。

第二次世界大戦前にナチスへの驚異的な国民的支持を拡大させたのは、デマの駆使を含むプロパガンダ（政治宣伝）の巧みさであった。

「不満」という「火薬」が大量に蓄積され、導火線に着火できる「巧みな扇動」があればどの国でも起こり得る。それは日本でも同様である。火薬が増加すればするほどその爆発の威力は大きくなる。日本も米国に匹敵する格差拡大社会であり、ポピュリズムが受け入れられやすい基盤は十分にできている。

二〇一六年の米国大統領選挙では、超保守からの現状変革論という色合いがポピュリズムをともなって色濃く出ている。一般的に「変革」や「改革」というキーワードは、新しい時代をつくるという意味を含んできた。しかしトランプの「改革」は「復古」を求めているような政策とも読み取れる。しかし現状に不満をもつ人々は、「現状否定」イコール「改革」と捉えた。

●強いリーダーシップを演出するために

後述するが、これらもナチスのプロパガンダと重なる。当時の壊滅的状態になった生活を余儀なくされたドイツ国民は、ナチスの徹底した現状否定をリーダーシップの典型と認識した。そうしたプロパガンダは、一九三〇年代初頭に大衆の心を大きく獲得していった。矛盾する政治目標であっても、現状に不満を抱く有権者は、「反共産」「反資本主義」「反〇〇」と力強く現状を否定してくれる「反（アンチ）〇〇」が続くスローガンを叫ぶナチス（ヒトラー）に大きな期待を寄せた。また彼らはそれらのスローガンを大衆受けするように巧みに使い分けた。多くのスローガンの中から時期と場所をふまえ聴衆の心を摑めるものだけを前面に出して強調し、大衆の心が離れていくと思われるようなスローガンはほとんど語らず、平気でその場限りのデマを繰り返した。そうした政治宣伝内容に論理的な矛盾があっても、デマで切り抜ければよいと考えていた。それだけではない。不都合なことから目を背けさせるためと、強いリーダーシップを演出するために激情的に対立構図を設定し扇動したのであった。

●大手メディア報道を逆手にとる広報戦略

トランプの大衆を前にした演説の一部を視聴していて同様のことを感じた人も多いだろう。ここでは彼の一つひとつの公約についてコメントはしないが、明らかに矛盾する政策や実現不可能と思われるものも多く含んでいた。実際に大統領に就任すれば、より現実的な政策選択や議会との妥協・調整が行われると考えられてきたが、必ずしもそのようにはならなかった。泡沫候補から大統領選に勝利した情報戦略を今後も駆使することを考えれば、十分に警戒する必要がある。特に彼の女性差別・蔑視や人種差別的な発言をふまえればなおさらである。

トランプの情報戦略の巧みさは、敵対した大手メディアの報道を逆手にとって自身の発言報道を増加させたことである。大手メディアが支持したクリントンよりもトランプのほうが多くの時間取り上げられた。ツイッターで早朝に過激な発言を繰り返すことによって、大手テレビメディアの早朝ニュースに批判的に報道された。報道は批判的であっても、彼の主張する過激な発言に賛同するサイレント「マジョリティ」は、隠れた支持者になっていった。

またその極端な発言は、この半世紀間の米国社会の努力によって培われてきた社会的人権水準や合意を後退させる力ももった。それが一部米国市民の差別意識を活性化し、差別扇動を再活性化させようとしている。まさに日本のヘイトスピーチを彷彿とさせるものになりつつある。

●情報の劇的な変化と格差拡大社会の産物

以上のことに基盤的な影響を与えているのが、ＡＩ（人工知能）をはじめとしたＩＴ革命の成果である情報環境の劇的な変化である。

情報環境の大きな変化は、いつの時代も社会を大きく変え、社会の大きな変化はさらに情報環境を変える。歴史的に見ても情報環境は社会を大きく変えた。ルネサンス時代であった一五世紀の三大発明が、活版印刷術と羅針盤、火薬であったことは多くの読者が学生時代に歴史で学んだことである。この中でもグーテンベルクが発明した活版印刷術は、当時の社会を大きく変えた。とりわけ多くの宗教教義やその教義の解釈の仕方が、活版印刷術によって大量に印刷される時代になり、宗教改革の時代を迎えることになった。それ以外にも多面的に社会を変えていったように、今日の情報環境の変化はこれまでのマスメディアの時代を大きく変えようとしている。現在でも社会の広告売り上げの中でテレビ広告のCMシェアがトップであるが、二〇二一年前後にはネット広告に抜かれるといわれている。すでに二〇一八年現在、新聞業界の広告収入の約三倍である一兆五〇〇〇億円をたたき出している。これらを駆使したトランプ陣営が、大手メディアの支持を受けたクリントンに勝ったのである。ある意味ではネット選挙の重要性をより明確にした選挙戦であったともいえる。

●有権者の求める政策やキーワードもAIが

この傾向はさらに深化するといえる。なぜなら情報環境の変化は、劇的といわれるほど急速なスピードであり、AIに代表されるIT革命の進化は、これまでと異なるレベルで社会を変えていくと予想されるからである。

かつて「AIを制する企業が産業を征し」「AIを制する国が世界に圧倒的な影響を与える」

「ＡＩによって人間の生産性は飛躍的に向上する」と記したことがあった。換言すれば「最も優れたＡＩを駆使できる政党や政治家が、政治に大きな影響力を行使できる」ようになるかもしれない。

選挙に関係するビッグデータをＡＩで分析することによって、有権者の求める政策やキーワードは一層明らかになる。それ以上に有権者も気づいていないニーズを見つけ出すこともできる。政策立案や選挙公約宣伝にも活かされるようになる。有権者の変化や社会環境の変化に対しての対応力も、ＡＩとビッグデータを駆使できるほうが間違いなく早くなる。反差別や人権確立を推進する政治勢力も、以上の点を謙虚に学び、情報革命の成果を確実に人権を推進する運動に反映させる必要があることを忘れてはならないだろう。

2 兵器になったフェイクニュース

●フェイクニュースは剣よりも強し？

一つの情報が多くの市民の判断に与える影響は計り知れない。かつてマスメディアが「第四の権力」といわれた所以《ゆえん》でもある。つまり情報は「政治権力」を行使するのと同様のパワーを持っているということであり、あらゆるものを攻撃するツールとして利用できるということでもある。

誤用を許していただけるなら「ペンは剣よりも強し」ということなのである。本来この諺は権力や暴力に屈しない言論の力を示したものであるが、この「ペン」がフェイクニュースや情報「兵器」として悪用されるような事態が、国際的な規模で起こっているのである。

今日の情報環境は、二〇世紀の情報環境とはまったく異なる。個人やマスメディアでもない組織が、SNS等を活用してマスメディアと同様の力を持つようになっている。その具体例として先にトランプ大統領が誕生した米国大統領選挙などの事例を紹介した。つまり上記に紹介した既存メディアである新聞、テレビ、ラジオ等のメディアリテラシーへの関心とともに、SNS等で電子空間上を駆け巡るフェイクニュースにも注視しなければ、社会に多大な悪影響を与えていることが見過ごされてしまう。

●サイバー「兵器」になったフェイクニュース

今やフェイクニュースは戦争の手段となり、サイバー攻撃「兵器」の役割を担っているといっても過言ではない。戦争もハイブリッド化し、私たちの中にある戦闘機や戦車等を使用したこれまでの戦争というイメージから変化し、軍事行動の位置づけが低下してきているといえる。サイバーツールを利用した相手国に対するさまざまな攻撃が多用されており、あえて申し上げるなら武力を用いた「軍事行動」から「情報戦」にシフトしてきているといっても過言ではない。

軍事大国といわれる国々のハイブリッド戦では、兵器や武器が使用される軍事行動の位置づけは全体の二〇～二五％ぐらいといわれている。例えばロシアでは、米国大統領選挙への関与の中で指摘されているネット世論操作、戦略的情報漏洩、サイバー攻撃、プロパガンダ、国内外のメディアへの情報操作等も戦争の手段として位置づけられている。これら以外にも相手国の各種組織への支援と妨害、政治・経済・社会への攪乱等のサイバーツールが多用されている。これらの戦術・戦略を推進するためにフェイクニュースを使用した情報操作が行われているのである。これはロシアだけではなく、米国等多くの国で同様のことが行われている。

●サイバーツールが多用されている

例えば『Forbes（フォーブス）』で二〇一七年二月二六日に紹介されていた「フェイクニュースは証券市場に打撃を与えるか?」では、ＡＰ通信のツイッターアカウントが乗っ取られ、当時大統領だったオバマ氏が爆発によって負傷したというニュースが流れたことによって、米国株式市場は約一三兆円も暴落したことが報道されていた。

どの国の金融市場も政治・経済をはじめとする多様な情報によって株式価格は上下する。この一三兆円の暴落によって、多くの金融市場関係者に多額の利益と損失をもたらし、経済に多大な混乱をもたらした。武力で相手国の経済や国民生活に多大な影響を与えることは、多くの歴史的な戦争で私たちは学んできた。それが今日では電子空間やそれを悪用したフェイクニュースによって可能になった。歴史的にも情報は戦争の重要なツールであったが、そのあり方がインターネットの普及とＡＩをはじめとするＩＴ革命の進化によって根本的に変化してきたのである。

●半世紀で犯罪のあり方も激変した

卑近な例であるが、一九六八年一二月一〇日に発生した「三億円事件」は、白バイを偽装した犯人によって行われ、劇場型犯罪といわれた。しかし半世紀後の二〇一八年に発生した窃盗事件の最大被害額は、約五八〇億円である。読者のみなさんもご存じのコインチェックから盗まれた「仮想通貨」である。すでにそのほとんどがマネーロンダリングされ、回収が不可能になったと報道されている。追跡が続いている仮想通貨も八〇〇万口に分散されているという情報も存在する。この犯人は、白バイを偽装したわけでもなく、劇場型犯罪を行ったわけでもない。おそらくコンピュータのキーボードを操作しただけだろうと考えられる。犯罪のあり方も半世紀の歳月が大きく変えた。これらの犯罪はＩＴ革命の進化なくして考えられないことである。

●ＩＴ革命の進化による情報操作

こうしたＩＴ革命の進化による情報操作は、政治にも多大な影響を与えている。フェイクニュースを使用したネット世論操作は、多くの国で行われており、日本を含む四八カ国で行われていると報告されている。

情報・広告コンサルティング会社であり、米国大統領選挙でトランプ大統領側に立ってネット選挙を支援した「ケンブリッジ・アナリティカ（ＣＡ）」も米国大統領選挙やイギリスのＥＵ離脱を決めた国民投票に大きな影響を与えた。すでにネット「世論操作ビジネス」も確立しているといわれている。

日本においてもネット世論操作のために、ＡＩが単純な繰り返しの作業を実行するロボットである「ボット」（人間による操作や作業を代替したりするアプリ）等になって、ＳＮＳのアカウントを大量に取り、自動で瞬時に多様な情報を広めている。こうした「ボット」が差別や人権侵害の言説を広め、それらのサイトに誘導することを通して、広告収入のアップにつなげているのである。こうした現実や事実を正確に知ることが、フェイクニュースを見抜く第一歩だといえる。

3　IT革命と個人データ

●多大な影響を与えている個人データ

ＩＴ革命はフェイクニュースのあり方を変えただけではなく、個人情報の位置づけも大きく変えた。ソーシャルメディアから流出する膨大な個人情報が人権問題にも多大な影響を与えるようになった。これらの個人データが、政治・経済・社会に圧倒的な影響をもたらしている。これらの個人情報問題も、ＩＴ革命や、その最先端分野であるＡＩの進化と密接に関わっている。

まずＩＴ革命の進化によって、センサーが爆発的に増加し、それらから得られる情報も飛躍的に拡大した。ビッグデータの量も桁違《けたちが》いに大きくなっている。そしてそれらのビッグデータをＡＩが分析し、政治や経済に大きな影響を与えている。またＩｏＴ（インターネット・オブ・シングス）といわれるあらゆるものがインターネットとつながることによって、そうした機器から蒐集《しゅうしゅう》される情報も膨大な量になっている。それらのデータを販売するデータブローカーも増加している。その一つである米国大手アクシオム社は、世界人口の一〇％である約七億人の個人データと年間五〇〇兆件の消費活動データを所有しているといわれている。これらのデータが、錬金術の資源になっているのである。ある土地を活用してどれだけの収益を上げることができるかが、その土地の価格のベースであるように、個人データを活用してどれだけの収益を上げることができるかが、その個人データの価格である。ＥＵ（欧州連合）は、ＥＵ域内に居住する約五億人の個人データの経済的価値を一三三一兆円（二〇二〇年現在）と発表した。まさに二〇世紀の富の源泉であった石油や土地が、個人データに置き換わろうとしているといっても過言ではない。こうした個人データが価値を持ち出した大きな要因が、ＩＴ革命の進化によるデータ収集と分析の飛躍的な進化である。

●スマートフォンだけでも三〇億個以上に

二〇世紀のデータ量は今日と比較すればかなり少なかった。まさに「スモールデータ」だったのである。またビッグデータを収集できたとしても、それらを今日のように分析できるAIと呼ばれるディープラーニング（深層学習）が可能なコンピュータの進化もなかった。今後、ビッグデータも桁違いに増加していく。AIの学習教材ともいえるビッグデータが飛躍的に増加していくことはAIの進化にも結びついている。

二〇一六年時点におけるビッグデータも極めて大きなものであったが、二〇二五年にはその約一〇倍になり、一六三兆GB（ギガバイト）と予測されている。一GBは文字数にして四〇〇字詰め原稿用紙のおおよそ八五万枚といわれている。その一六三兆倍である。想像すらしがたい量である。またIoTの普及でインターネットにつながる機器も飛躍的に増加し、二〇二〇年頃には三〇〇億前後になると予測されている。これらの膨大な機器から収集されるデータ量は二〇一二年の約五〇倍になる。すでにスマートフォンだけでも三〇〇億個以上の数になっている。これらのスマートフォン等を活用したソーシャルネットワークから蒐集される個人データは、全個人データの四三％である。こうして蒐集された個人データが、心理学的知見を加えてAIによって分析されることで政治・経済・社会に重大な影響を与えているのである。また多くの個人は無料アプリやサービスを受け取る代わりに個人データを提供している。それが利益の源泉になっている。しかしその個人データによって、政治や選挙、ビジネス、社会などに多大な影響を与えているのである。

●多くの個人データが日々蒐集されている

二〇〇〇年に世界の人々の一〇%しかネットにつながっていなかった状況から二〇一八年には、約半数の人々がネットにつながるという状況になっている。こうした人々のソーシャルメディア上の動きを追跡（トラッキング）することによって、多くの個人データを蒐集しているのである。それはどのようなサイトを閲覧しているかということだけではなく、どのようなキーワード検索をしているか、ネット上で繰り出されてくる心理クイズ等の質問にどのような回答をしているか、何に対して「いいね」のボタンを押しているかなども蒐集されている。それらが分析され政治やビジネスに利用されているのである。例えばキーワード検索の場合でもどのような単語を使用しているかによって、世論状況や差別意識まで一定程度把握することができる。どのようなキーワード検索が何件ぐらいなされているかによっても世の中の関心事がわかるように、差別問題でも蔑称語を用いてキーワード検索されている数の増減によって、差別意識の根強さも把握することができる。

●「いいね」で分析されるプロフィール

さらにケンブリッジ大学心理センターの二人の研究員が発表した論文では、心理学的手法を駆使すれば、フェイスブック上のユーザーが押した「いいね」ボタンの六八個を分析すれば、そのユーザーの属性や支持政党などのプロフィールをある程度明らかにすることができると述べている。その数をさらに重ねていけば、より多くのことを特定できると指摘されている。こうした分析が、政治や選挙に利用されている。それらがさらに精緻になって、ターゲット広告からマイクロターゲット広告も可能になっている。ターゲット広告は一定の商品やサービスを購入する可能性の高い人々を個人データから抽出して、それらの人々をターゲットにしてデジタル広告を送付するものである。それが政治の場合では、ある特定の政治的意見や政党支持者層に対してなされる政治的なターゲット広告にもなっている。

●個人を対象にマイクロターゲット広告が

それらの対象をさらに絞っていき、特定個人を対象に行われるのがマイクロターゲット広告である。そうしたことが可能になっているのである。それだけではない。フェイスブックは独自で開発したアルゴリズムによって、特定の個人データを解析し、その特定個人が好むようなニュースを提供している。アルゴリズムという言葉もわかりにくいが、誤解を恐れずにいえば、問題を解決するためのシステムのようなものである。ここでいうアルゴリズムとは、特定の個人データからその個人が欲するようなニュースを選び出すシステムのようなものだと理解していただきたい。こうしたアルゴリズムによって、選択されたニュースのラインナップは、その人が好むニュースであり、右翼的な思想の持ち主であれば、右翼的な人々から好まれるニュースを提供することになり、左翼的な思想の持ち主であれば、左翼的なニュースが提供されるということになる。そのことによってニュースが見られる回数が増加すれば、フェイスブックの広告収入は増える。

●思想傾向や価値観がより一層過激化する

こうした個人の好みに合わせて提供されるニュースに接する機会が多くなればなるほど、その個人の思想傾向や価値観はより一層特化し過激化していくことになる。こうしたことが人権や差別の分野でも起こっている。ある特定の国や民族への偏見を含む思考傾向がある個人には、その個人が好むだろうと思われる内容の記事や映像を含むニュースが提供され、より一層偏見や予断が確信的なものに変化していくことを助長する。そしてこれらのニュースの中にフェイクニュースが混在すればなおさらである。日本の既存大手メディアでも思想的傾向はおおよそ分別できる。それによって自身とは反対の見解を持つ新聞を定期購読する人は多くない。つまり自身の思想的な傾向に合わせて既存メディアと接触している。それでも既存メディアの場合は、編集段階でファクトチェックをはじめとする多くのチェックを経て読者や視聴者に提供され、露骨にフェイクニュースが掲載されることは多くない。もしフェイクが明らかになれば、訂正や謝罪がなされる。さらに一方的な視点でニュースが提供されることも多くなく、多様なニュースが提供される。つまり自身の考え方とは異なるニュースも提供される。

●IT革命の進化でディープフェイクが登場

しかし雨後の筍《たけのこ》のように登場する無料のウェブニュースサイトでは、事実に基づくニュースとともにフェイクニュースが紛れ込んでいることも多く、フェイクニュースがさらに拡散されていく。これらをフェイクであると見分けるのは極めて難しい。まさにネットジャーナリズムが多くの人々の心を手玉に取っているようである。しかし面白いフェイクニュースは間違いなく多くの人々に好まれる。それがそのウェブニュースサイトを運営する人々の収入と直結していれば広がることはあっても終息することはない。個人が簡単に正しいニュースサイトであるように偽装することは難しいことではなくなったのである。

さらにＩＴ革命の進化は、ディープフェイク（深化した虚偽情報）といわれるような高度なフェイク動画を製作することを可能にした。二〇一九年にアメリカではオバマ前大統領がトランプ現大統領を口汚くののしるフェイク動画が拡散している。そのフェイク動画は、過去の映像を利用してそれがフェイクであると認識できないほど高精度の映像技術で作られている。本当にオバマ前大統領が口汚くののしっていると思わせる映像なのである。こうした現実をみるとフェイクニュースをフェイクであると見極めるのが極めて難しいと感じさせられる。こうした映像が政治や戦争、ビジネスで多用されれば、社会は間違いなく危険な方向に進む。すでにそうした方向に進みつつある。これらを阻止するためにもメディアリテラシーや情報リテラシーの能力が民主主義社会を維持する基盤であることを強く認識する必要がある。

4　ディープフェイクとサイバー戦争

●ディープフェイクが与える甚大な影響

先に紹介したディープフェイクやフェイクニュースの影響についてさらに掘り下げていきた

い。過去の映像を利用して、それがフェイクであると認識できないほど高精度の映像技術等を駆使し繰り出されるディープフェイクは、これからの政治や社会に甚大な影響を与えるといえる。

AIの進化は、さらに深化したディープフェイクをつくることを可能にしていく。これはフェイクとファクトを峻別することが極めて難しくなることを意味している。かつてのメディアリテラシーとは、レベルが違うといっても過言ではない。これまで私たちはメディアリテラシーを「メディアを批判的に読み解くとともに、メディアを使って表現していく能力」と捉えてきた。しかし今日の高度な映像等を駆使したディープフェイクを批判的に読み解くためには、その前提として高度な映像チェックの技術や広く深い知識が求められる。こうした知識がないと簡単に騙されてしまう。

●拡散力は一〇〇倍で拡散速度は二〇倍

今後さらに膨大な量になると予測されるディープフェイクやフェイクニュースに対して、ファクトチェック（事実か否かのチェック）が追いつくとも考えにくい。またファクトチェックができたとしてもフェイクニュースのほうが拡散力も拡散速度も速ければ、フェイクを打ち消すことは事実上容易ではない。それはＭＩＴ（マサチューセッツ工科大学）メディアラボが、ツイッター社の協力を得て行った先行研究でも立証されている。私たちが予測していた以上にファクトチェックをしたニュースよりもフェイクニュースのほうが拡散力もスピードも圧倒している。その研究報告では、拡散力は一〇〇倍で拡散速度は二〇倍という結論であった。

以上のような研究結果は、政治・経済・社会等のあらゆる分野にディープフェイクやフェイクニュース、デマ情報が圧倒的な影響を与えることを示唆している。そしてそれらを防止することが極めて困難であるということを示している。日本国内でも同様である。

●民主主義を崩壊させるフェイクニュース

有権者をはじめとする多くの人々は、政策選択や投票行動の選択を多くの情報に基づいて行っている。それらの情報がフェイクであれば、虚偽の情報に基づいて政治的な判断を行ってしまうことになる。そしてフェイクニュースを是正することが上記の研究結果のように、たとえファクトチェックができたとしても、それらのチェックに基づくファクト情報の拡散力が一〇〇分の一で、拡散速度が二〇分の一であれば、政策選択期限や投票日までにファクト情報を有権者に届けることは極めて難しい。

これは民主主義の根幹に関わる問題である。これを国際的に考えればより深刻である。先にデジタル情報を駆使して世論操作をしている国家が存在していることを述べた。それらの国家がフェイク情報で世論操作を展開すれば、世論は容易に間違った方向に誘導される。一方、反政府組織が世論操作を展開すれば、政治や社会の混乱を容易に引き起こすことができるようになる。ドイツのナチスは、当時のメディアの最先端であり、最新の映像技術であった映画とラジオを駆使してフェイク情報を流し続けた。それが今日ではSNS上を闊歩するディープフェイクとフェイクニュースになったことによって、圧倒的な拡散力とスピードになったのである。

●経済を混乱に陥れるサイバー攻撃

それは経済分野でも同様である。多くの国の為替市場や株式市場も情報に基づいて取り引きがなされている。先述したように二〇一三年にオバマ大統領が爆発事故に遭遇し、負傷したというフェイクニュースによって、アメリカ株式市場が約一三兆円も暴落したことがあった。これはAP通信のツイッターアカウントが乗っ取られたことによって流されたフェイクニュースが原因であった。これによって大きな利益を得た人と大きな損失を被った人がいたのはいうまでもない。それだけではない。アメリカ株式市場の混乱は多くの影響を与えた。すでに金融市場をターゲットにしたフェイクニュース企業も存在している。

このようなサイバー戦争は、少ない経費で甚大な影響を敵国に与えることができる。また巨額の国家財政を持たないテロ集団でも遂行可能な戦術である。これは戦争の概念を大きく変えることにもつながっている。一定の思想を持つテロ集団や犯罪集団が限られた財源で多大な影響を攻撃対象の国家や各種機関に与えられるということでもある。

●サイバー攻撃が戦争の重要な手段に

これらは武力で圧倒的な差をもつ国家や集団間でも、サイバー技術に詳しい人物が存在していれば対等に戦えることを意味している。しかしゲリラ集団をサイバー攻撃のターゲットとして攻撃するのは極めて難しく、国家よりも優位の立場にあるといっても過言ではない。国家は多くの行政機関を運営し多くの機能を担っている。国内のインフラを担っている多くの企業も存在している。それらのインフラがサイバー攻撃で致命的な打撃を被れば人々の生死にも関わってくる。

一方、サイバー攻撃をする側にとっては、一定の機材とサイバー技術を駆使できる人材がいれば場所の必要性はそれほど高くない。それは差別行為や差別扇動についてもいえることである。今日のネット上の甚大な差別事件をみれば明白である。こうしたことが事実上国境のない電子空間、ネット上で行われているのである。まさにサイバー攻撃が戦争や紛争の極めて重要な手段にもなっている証しである。ある面では武力以上に重要な攻撃手段であるともいえる。

●ターゲット政治宣伝も可能になっている

こうした世論操作に先述したターゲット広告やマイクロターゲティング（個人を対象にした広告）の手法が駆使されれば、敵国や影響を与えたい国の世論を操作することも容易にできる。相手国の国民の思想的傾向が個別的に把握できれば、それらの傾向に基づいたターゲット政治宣伝が可能になる。通商交渉や政治交渉等の相手国内の世論操作ができれば、自国に有利な方向で交渉をまとめることに役立つ。今、アメリカ議会で進んでいる二〇一六年の大統領選挙のロシア疑惑のように、相手国の大統領選挙にまで干渉することも可能なのである。

武力で敵国のインフラを破壊するのも戦争であれば、サイバー攻撃で敵国のインフラを混乱させるのも戦争である。サイバー攻撃の場合はどの国が敵なのかもわかりにくい。もし日本国内で電力と水が使用できなくなればその被害は甚大である。ただし、この戦争はいつ始まりいつ終わったのかもわからない。そして戦争なのか犯罪なのかもわからない。国家の命を受けてそれらを遂行している人々が犯罪人になるのかも判断し難い。それにゲノム革命の成果を駆使して安価に細菌兵器をはじめとする生物兵器が製造されれば、それらに対して十分な防御ができない。社会は高度になればなるほどネットワーク化し、一カ所を破壊されれば全体に致命的な打撃を受ける。

●人々の機能的識字能力は高くない

ところで世界の多くの人々のフェイクニュース等に対する情報リテラシー能力は決して高くない。日本は世界的に見れば識字率の高い国である。しかし日本においてメディアリテラシー教育はほぼ行われていない。さらにいえば文字の読み書きができるという識字率は高いが、文章を正確に理解する読解力や文章を作成して自身の考えを正確に表現する能力である「機能的識字」能力は不十分である。こうした視点からもフェイクニュースや世論操作に対する耐性はそれほど高くないといえる。ましてやディープフェイクに対する耐性はほとんどない。ディープフェイクは過去の映像から新たな映像をつくる技術を駆使している。それに本人の会話をビッグデータとして学習すれば、亡くなった人と映像を通して会話するような状況を作り出す

43　第1章…IT(情報技術)革命と政治・人権・メディア

ことが可能になるだろう。亡くなったカリスマ的政治リーダーを電子空間上で生存しているように偽装するディープフェイクも登場するだろう。いずれそうした人々と自然な会話ができるようになるかもしれないということである。

ここまで進化していない段階でも、フェイクニュースに操られる人々が犯罪を起こす事態はアメリカでは現実のものとなっている。それがすでに死亡しているカリスマ的リーダーのディープフェイクの呼びかけに応じるような事態になれば、さらに過激な行動に走る人々は出てくるだろう。すでにボットが多くの差別扇動をネット上で行っていることをふまえれば遠い未来の話ではない。

●ボットが人権侵害の書き込みに警告を与える

ボットは電子空間上で発せられる多くの人々の会話や言語を学び、他のユーザーと会話をし、書き込みもする。現実空間や電子空間で発せられる私たちの会話や講義を聞いているＡＩボットは、それをビッグデータとして学んでいるのである。弟子が師匠に話し方まで似てくるのと同じようなものである。差別的な集団から学んだＡＩは、当然のごとく差別的な会話を学んでいく。そうしたＡＩが生身の人間をネット空間を通して差別的な人間にすることもあり得るといえる。一方で反差別や人権擁護の立場を堅持して会話を遂行することができる高度なAIボットも可能だということである。さらにネット上で差別的な書き込みや発言を続けている人々に警告を与えるボットを配置することも可能になる。あるいはそうした機能を使用して、差別的な人々をターゲットにしたターゲット人権啓発も可能になり、差別意識を持つ個人を分析し、マイクロターゲティング啓発も技術的には可能になりつつある。

しかしそれらはプライバシー保護や内心の自由との重大な問題を惹起《じゃっき》する。また現行法に違反している書き込みをしている人々へのターゲット警告も可能になる。例えば「あなたの送付した（送付しようとしている）書き込みは損害賠償を請求される可能性があります」と警告が届けば、多くの人々の差別的書き込みを抑止することができるかもしれない。上記のようにIT革命の進化は、私たちの最も重要な「なくすべきは戦争と差別。守るべきは平和と人権」という課題に重大な影響を与えているのである。

5 情報の暴走と超ポピュリズム

●活版印刷術の発明が社会変革に

　これまで述べてきたように情報のあり方が変わるとき、社会は大きな変革を迎える。ルネサンス時代の三大発明は、先述したように羅針盤、火薬、活版印刷術である。この三つの中でも最も当時の社会に影響を与えたのが情報と密接に関わる活版印刷術であった。その時代における情報のあり方を根本的に変えた。それまでは書写が基本であり、大量に印刷することは不可能であった。それは知識や思想を広めるときの大きな限界にもなった。

　一五世紀の宗教改革も活版印刷術の発明と密接に関連し、宗教改革を大きく前進させた。ドイツのグーテンベルクは『新約聖書』をドイツ語版で出版し、多くの人々が読めるような聖書にした。それまでは修道院の聖職者によって書写されていたラテン語の聖書であり、多くの人々が読めるものではなかった。それが大量印刷され、民衆の手に渡るようになった。こうした動きはマルチン・ルターが主導した宗教改革に大きく貢献し、ヨーロッパ社会の変革につながっていった。ルターは自らの主張も活版印刷によって広めた。

●IT革命が恐るべきスピードで進化

情報という視点から見れば、当時の情報の流れを根本的に変えた活版印刷術の発明がなければ宗教改革が大きなうねりにならなかったかもしれない。書写されただけのラテン語の聖書では多くの人々に理解されることはなく、ルターの考えを広める出版物もできなかった。まさに情報技術革命が宗教改革をはじめとする社会変革の最も重要な要素であった。

現在はそうした一五世紀の情報技術革命をはるかにしのぐIT革命が、第四次産業革命の中で恐るべきスピードで進化している。それが政治、経済、人権問題を大きく変えようとしている。

この稿では一五世紀の情報に関わる変化を情報技術革命と記し、現在の情報に関わる変化をIT革命と記すことにした。翻訳すれば同じ言葉であるが、一五世紀の革命をIT革命と呼ぶのにはイメージ的に少し異なる。

一五世紀の情報技術革命は、活版印刷によって情報を広めることができるようになったもので、知識や思想等がそれ以前とは比べものにならないスピードと規模で伝達できるようになった。そのことが多くの人々の知的レベルを前進させ、政治、経済、思想に多大な影響を与えた。その技術はマスメディアの原点ともいうべき新聞等を生み出し、多くの人々の考え方や思想に圧倒的な影響を与え、社会を大きく変革させた。

●光が強くなれば影も濃くなる

言うまでもなく、政治は人々の思想や考え方と密接に関わり、それらの思想に大きな影響を与えるマスメディアは、政治家や社会活動家にとって、自身の思想や考え方を広める重要な手段となった。

また経済的には現在のテレビCMや新聞CMに代表されるように、人々の消費行動に大きな影響を与えるようになった。それが今日のIT革命でさらに進化し、一五世紀の情報技術革命をはるかにしのぐものとなった。二〇世紀までのマスメディアは情報産業として、情報を収集し、分析し、広めるために多くの情報製作スタッフと情報技術、情報装置が必要であった。そうでなければ大きな影響を与えるマスメディアにはなれなかった。また二〇世紀までの主要メディア企業はほとんどの場合、一定のルールと倫理観とを保持していた。現在のテレビ局や新聞社を見れば一目瞭然である。それらのビジネスモデルが、今日のIT革命の影響で大きく変化しようとしている。個人がマスメディア的な力を持てるまでになっているのである。ネットワークにつながったコンピュータとそれを使いこなせる知識と技術があれば、マスメディアに近い影響力を持つことができるようになった。これは表現の自由を大きく前進させた。力のなかった個人が強力に社会に発信することができるようになった。ある面では極めて素晴らしいことである。しかし光が強くなればなるほど影も濃くなるといわれるように多くの問題を生み出した。

●電子空間で爆発する差別扇動

人権面では「表現の自由」という名の下に差別表現や差別扇動が大量に拡散していくことになった。人々の差別意識や偏見が日常会話で雑談するように、あるいは不満を独り言でつぶやくように電子空間で爆発するようになった。これは二〇世紀までの情報技術革命との根本的な違いである。こうした個人がもつマスメディア的な力が政治そのものにも大きな影響を与えた。それらは先にアメリカ大統領選挙等を事例に紹介した。

こうした動きは経済にも大きな影響を与えた。少ない財源で企業を立ち上げ、インターネットやIT革命の成果を活用すれば、少ない人数でも大きなシステムを運用することができるようになった。そして多くの人々の消費行動等にかなりの影響を与えることができるようになった。その典型がグーグルやフェイスブックに代表されるプラットフォーム型企業である。一九九八年に一〇〇〇万円で創業したグーグルは、六年後の二〇〇四年に株式公開したとき、その時価総額は四兆数千億円に達し、その一〇年後の二〇一四年には一〇倍の四三兆円になった。すでに述べてきたが、まさにＩＴ革命の成果をビジネスに活かした典型である。

●「超ポピュリズム」の時代へ

このように政治や経済、社会に与えた影響は、政治と密接に関わる市民運動の分野にも当てはまる。最近の世界的な政治傾向を分析すると、ポピュリズムの蔓延ともいえる状況を指摘することができる。これらとＩＴ革命の進化もこれまで述べてきたように密接に関わっている。

ＩＴ革命の成果を悪用してきた多くは、差別を扇動する側であり、敵対や分断を煽《あお》る側であった。人権思想を普及し、平和や連帯を構築する側は大きく立ち後れている。人と人とをつなぎ、表現の自由を強固にするはずであったネット環境は、分断と差別、ポピュリズムの道具になってしまったような錯覚さえ覚えるほどである。まさに「超ポピュリズム」の時代と表現できるような時代になった。

二一世紀のＩＴ革命は、個人をマスメディア的にしただけではない。二〇世紀までの情報技術革命は、情報を広く速く発信することが中心であった。今日のＩＴ革命は、情報を発信するだけではなく、ＡＩを活用して個人データをはじめとする大量の情報を収集・分析し、活用するという新たな側面をもつようになった。これが二〇世紀までの情報技術革命との根本的な違いである。ビッグデータを活用した情報分析は、情報発信のあり方まで変え、政治、経済のあり方をさらに変えた。

●「マイクロマスメディア」が可能に

フェイクニュースやディープフェイクをどのような人々に発信すれば、最も効果的に騙すことができるかを選別できる時代になった。これまで紹介してきたようにネット上の個人のウェブ閲覧歴等をはじめとする多数の個人データを収集し心理学的手法を駆使して分析することによって、あらゆるジャンルでターゲット広告やマイクロターゲティング広告が可能になった。

つまり二一世紀のＩＴ革命と二〇世紀までの情報技術革命の根本的な違いは、情報「発信」の飛躍的な技術革新ではなく、情報の「収集・分析」の飛躍的な進化が与える影響によるものなのである。マスメディアは、同じ内容のコンテンツ（広告内容）を大量の人々に送付してきたが、マイクロターゲティング広告は、異なる内容のコンテンツをそのコンテンツで影響を受けやすい人々や、影響を与えたい人々だけに対して大量に送付することを可能にした。極端にいえば内容の異なるコンテンツの数だけコンテンツを受け取る人々がいるということでもある。あるいは同じような趣味嗜好や考え方の人々をグループ化して、そのグループの数だけAIを活用してコンテンツを製作するということである。まさに「マイクロマスメディア」と呼べるような状況になった。

●攻撃の手段にもなり得る「情報」

上記のことはすでに二〇一六年のアメリカ大統領選挙で行われてきたことであり、それはすでに述べてきた。なぜ上記のようなことを述べてきたのか。それは情報の政策としての重要性を理解していただきたいからだけではない。情報は広告に使われるだけではなく、攻撃の手段にもなり得るからである。情報は多くの側面をもつ。情報は教育手段にもなれば、広告の手段にもなり、仕事の手段にもなる。また詐欺罪等の犯罪の手段にもなれば、愛を告白する手段にもなり、誹謗《ひぼう》中傷する手段にもなる。さらに政治や選挙で多数派を形成する手段にもなれば、多様な敵を攻撃する手段にもなり、個人データという情報は経済的利益を得る手段にもなる。

このように多様な武器にもなり得る情報を取り巻く環境が、情報発信対象の人々の詳細な情報収集・分析ができるようになったことによって、収集される側、分析される側が極めて脆《ぜい》弱《じゃく》になってしまった。個人の情報弱点が明らかになれば、その弱点を攻撃すれば容易に攻撃する側が有利になる。「敵を知って己を知れば百戦危うからず」という諺を読者のみなさんもご存じだろう。それだけではない。ネットを介した情報によって、敵国の電力をはじめとするインフラまで攻撃できるようになった。

上記のように手段としての「情報」は「表現の自由」や「通信の秘密」といった人々の人権とも密接に結びついている。しかし情報を仕事の対象にしているメディア等の各種機関の規制を安易に行えば権力の暴走を許すことにもなる。一方、情報を操る自由が濫用され、情報が暴走すれば社会は危険な方向に進む。この極めて重要な情報のあり方が根本的に変化しようとしていることを読者のみなさんに深く知っていただきたいのである。

第二章　ゆがむ既存メディアと政治

1　ゆがむメディアと政治・人権報道

●「バンキシャ！」の虚偽証言報道

約一〇年前『ゆがむメディア―政治・人権報道を考える』（二〇〇九年、解放出版社）を上梓させていただいた。その拙著にたいしてメディア関係者を含む多くの方から真摯《しんし》なコメントをいただき、メディア問題への関心の高さを実感した。そのメディアのあり方もＳＮＳ等を駆使した新興メディアの登場によって、第一章で述べたように大きく変貌している。しかし新興メディアだけが問題だということではない。テレビ、新聞等に代表される既存メディアも多くの問題を抱えている。本章以降ではそうした問題について具体的事例を挙げながら論じていきたい。それはフェイクニュースが横行する新興メディアの問題点を是正するためには、既存メディアのチェック機能をはじめとする役割が極めて大きくなっているからである。

上記の拙著を上梓した頃、日本テレビの看板番組「真相報道バンキシャ！」の虚偽証言報道問題が大きく報道された。これらの報道によって、テレビメディアの報道について、強い関心が市民の間に広がった。この問題に関しても拙著で指摘したことが多くの点で重なった。「バンキシャ」問題をご存じない方もいるので、まずはじめにその内容を要約的に紹介しておきたい。

問題の発端は、二〇〇八年一一月二三日の「バンキシャ」報道である。顔にモザイクをかけた匿名の証言者が「岐阜県の土木事務所では今も裏金づくりをしている」「架空の工事を受注したように見せかけて、県庁の職員に二〇〇〇万円の裏金を振り込んだ」と虚偽の証言を報道したことである。同月二五日には系列局の中京テレビがこの内容をもとに、県議会が県に質問するとのニュースも放送された。

●日本テレビが岐阜県に陳謝

岐阜県では二〇〇六年に総額一七億円に上る裏金の存在が発覚していたこともあって、重大な問題と受け止め、大規模な調査が行われた。放送直後から約二カ月かけて県内一一の土木事務所の職員ら約三八〇人から事情聴取したほか、二〇〇八年度分を中心に計九五五件の工事契約内容を再点検し「裏金の事実は確認できない」との結論に達した。

それらの調査をふまえて、二〇〇九年二月一八日に岐阜県は、日テレ側に「調査したが裏金の存在が確認できない」として、文書で「バンキシャ」報道の検証を要請し、翌日、虚偽の証言で業務を妨げられたとして、偽計業務妨害容疑で証言者を岐阜県警に告訴したのである。

その後、日本テレビが証言者に再取材をしたところ「裏金を送金した事実はない」と証言を翻したため報道内容が虚偽であったことが判明した。日テレは二月二七日、岐阜県庁に対して報道に誤りがあったと釈明、三月一日には番組内で経緯を説明し、取材の根拠としていた証言が虚偽だったと陳謝した上で、三月五日に足立久男報道局長らが、古田肇知事に「取材の詰めが甘かった」と陳謝したのである。

●放送倫理検証委員会が審理を決定

証言者は別の詐欺容疑でそれまでに逮捕されていたが、この問題によって三月九日に偽計業務妨害容疑でも逮捕された。テレビでの偽証言がもとで偽計業務妨害容疑で逮捕されたというのも異例のことである。

こうした一連の事態を受け、「放送倫理・番組向上機構（ＢＰＯ）」の放送倫理検証委員会が同番組の審理を決定し、三月一六日には日テレの久保伸太郎社長が辞任した。

以上が「バンキシャ」問題の経過である。率直に言ってお粗末としか言いようがない。他社の報道でも「なぜ裏付け取材をしなかったのか」等々の内容が報道されていた。

産経新聞報道では、「日本テレビ総合広報部は『取材の詳細については申し上げられない』としながらも、『金の流れについてさまざまな人間が検討し、提示された証拠にも整合性があると判断した』と放送に至った経緯を説明する」とした上で、「実際、証言と事実関係には〝矛盾〟があり、裏付け取材によって証言の信憑《しんぴょう》性を疑うことは可能といえた」、「〇〇容疑者は架空工事でつくった裏金について、『（昨年）一一月五日に送金した』『年間五〇〇万から一〇〇〇万』などと証言していたが、〇〇容疑者の会社が県から受注した工事は一八年度と一九年度に一件ずつで、二〇年度は一件もなかったのだ」と報道している。

●偽証言者が出演した他局報道に問題はなかったか

この産経新聞報道をはじめとする他社の報道を見る限り、日テレは「金の流れについてどのように検証したのか」「提示された証拠をどのように検証したのか」「なぜ証拠に整合性があると認識したのか」、質問したいことが山ほど出てくる。

本稿ではメディア報道であまり取り上げられていない観点や疑問点等の一部だけを述べるに止めたい。まず容疑者は過去にも他局の報道番組に数回出演し、出演料などの名目で数千円から二万円の現金を得ていたと報道されている。

金銭授受の問題はさておき、他局の報道番組での容疑者の証言が事実であったのかどうかという点である。それらの検証の必要性は、私の知る限りメディア報道で指摘されていないが、重要な問題だと考える。

もし他局の報道番組でも容疑者が偽証言をしていたとすれば、「バンキシャ」問題と同様に極めて重大な問題である。

●自局で十分な調査・検証を

すでにそれらの局が容疑者を出演させていたことを当時においても把握していたことは間違いなく、自局で十分な調査・検証を行う必要があったといえる。他局でも容疑者が匿名・モザイクで出ていた場合、ニュースソースの秘匿との関係が出てくるが、証言の真偽に関して早急な対応が必要であった。ニュースソース秘匿の原則が、偽証言を擁護することにつながるような印象を与えればメディア報道全般に計り知れない悪影響を与える。

少なくとも容疑者を出演させたテレビ局は、ニュースソース秘匿の原則を遵守《じゅんしゅ》しつつ証言内容の真偽を明らかにする責任があったが、十分な調査は行われなかった。もし偽証言であったなら、「バンキシャ」問題が明らかになっていなければ、それが問題になることもなく、歴史の中に埋もれてしまっていたことに恐ろしさを感じる。

また、放送倫理検証委員会においても、偽証言報道問題の重要性を認識して「バンキシャ」問題の審理を決定したことをふまえ、他局の容疑者出演の審理も付随的であっても行う必要があっただろう。そうしなければ放送倫理検証委員会の存在価値が問われることになる。

もし岐阜県に二〇〇六年の裏金問題がなければ、「バンキシャ」報道を受けて大規模な調査を行っていない可能性もあり、疑惑だけが残ったことになっていた可能性もある。多くの組織・機関は日々垂れ流される報道に逐一対応することはできない。

●予断や偏見、不当な一般化はなかったか

もう一つ指摘しておきたいのは、取材・制作者側の予断や偏見、不当な一般化といった観念

が存在していなかったかということと、テレビ局を取り巻く経済・経営状況の問題である。

公務員への予断や偏見が取材する側になかったかということである。二〇〇六年の裏金問題を不当に一般化し、今でも同様のことが行われているのではないかといった観念が、制作者側の思い込みを形成し、思い込みが予断を持って取材することにつながり、その結果として裏付け取材が不十分になったのではないかと考えられる。

またそれらの思い込みや予断・偏見が経済的圧力と重なるとき、お金をかけて十分な取材をすることを敬遠させたともいえる。時間とお金をかければ十分な取材ができたにもかかわらず、これら「時」と「財」の二つの壁と思い込みが、拙速な裏付け取材や提示された証拠検討の甘さにつながっていったのではないだろうか。

さらに経済的圧力は、それまでのメディア報道によって、関心が高まっている公務員不祥事などの視聴率の取りやすい「特ダネ」報道を追い求めることにつながり、「格好」の情報提供者に容易に乗せられたと考えられる。その結果、多くの視聴者は岐阜県庁への偏見を強め、公務員一般への思い込みや予断を強めてしまった。

●テレビ報道の信頼性を著しく損ねた

しかしこの偽証言問題の発覚によって、逆にメディアへの思い込みや予断が強まり、メディア報道の信頼性を著しく損ねたといえる。これらの信頼の低下はメディアへの各種圧力を一層大きくする。

今日のメディアには政治・経済・社会の三つの圧力が存在している。この偽証言問題は社会的（視聴者）圧力をさらに強め、それらの圧力が政治的圧力につながり、信頼度が低下することによってテレビ離れが進行し、経済的圧力が一層強まることになる。これらの三つの圧力が複合的に強まることによって、メディア企業が目指すべき方向性を間違えば、タイトルのように「ゆがむメディア」になってしまう。それは歴史が証明しているように日本社会を不幸にする。

もうひとつ偽証言問題で付け加えておきたいのは「客観報道主義」の問題である。「客観報道主義」という名のもとに、官公庁等の発表情報を流しておれば、その報道に間違いがあっても、責任は発表した官公庁等にあると考えているメディア関係者が多いという点である。偽証言問題への日テレへの初期の対応を見ていて、この「客観報道主義」にも似た対応を感じた。偽証問題なのは偽証言者で自分たちも騙された被害者と言いたげな対応であった。言うまでもなくこれは根本的な誤りである。これを機会に「客観報道主義」の内容を検証し、経済的問題があっても調査報道の充実を考えるべきである。そうしなければメディア企業が権力機関による情報操作の手先になってしまう。

2 メディアと政治と日本国憲法

●沖縄の新聞社はつぶさないといけないか

二〇一五年六月二五日、自民党の勉強会「文化芸術懇話会」で、国会議員や講師である百田尚樹氏によって、耳を疑うような発言が繰り広げられた。文化芸術とは真逆の発言である。

まず発言と一連の流れを新聞報道から整理しておきたい。衆議院議員であるメンバーの三人は、「マスコミを懲らしめるには広告料収入がなくなるのが一番だ。先生（百田尚樹氏）のような文化人や民間人が経団連などに働きかけをしていただきたい」（大西英男氏）、「福岡でマスコミをたたいた時に、なるほどと思ったのは、広告収入をなくすことだ」（井上貴博氏）、「沖縄の特殊なメディア構造を作ってしまったのは戦後保守の堕落だ。左翼勢力に乗っ取られてしまっている」（長尾敬氏）との発言がなされた。

これらに応える形で百田尚樹氏が、「沖縄の二つの新聞社はつぶさないといけない。あってはいけないことだが、沖縄のどっかの島が中国に取られてしまえば目を覚ますはずだ」「もともと米軍普天間飛行場は田んぼの中にあった。商売になると基地の周りに人が住みだした。騒音がうるさいのはわかるが、あそこを選んで住んだのは誰だ」といった趣旨の発言をした。

●沖縄タイムスと琉球新報が抗議声明を発表

これら一連の発言に対して沖縄タイムス編集局長と琉球新報編集局長は翌二六日に共同抗議声明を発表し、「百田尚樹氏の『沖縄の二つの新聞はつぶさないといけない』という発言は、政権の意に沿わない報道は許さないという〝言論弾圧〟の発想そのものであり、民主主義の根幹である表現の自由、報道の自由を否定する暴論にほかならない。（中略）沖縄の基地問題をめぐる最たる誤解が自民党内で振りまかれたことは重大だ。その訂正も求めたい。（以下省略）」と明言した。

さらに宜野湾市の佐喜真淳《さきまあつし》市長は、報道陣の取材に「戦争当時に米軍に接収されたのが普天間飛行場の歴史であり、先祖代々の土地に帰りたいという地権者がいる。その市民を『金目当てだ』というような発言は極めて遺憾だ。市民をばかにしているような感じで、失礼だ」と述べている。まさにそのとおりである。

上記の自民党勉強会における発言に対して安倍首相は、二六日の衆院平和安全法制特別委員会で「報道が事実なら大変遺憾だ」と述べたが、「その方になりかわって勝手におわびすることはできない。発言する人物のみが責任を負うことができる」と強調し、謝罪しなかった。しかし市民の怒りが大きくなった約一週間後の七月三日の同委員会で「党を率いる総裁として国民に心からおわびを申し上げたい」と陳謝し、「非常識で国民の信頼を大きく損ねる発言であり、看過できない」「国民の皆様に申し訳ない気持ちだ。党の長年の沖縄振興、基地負担軽減への努力を水泡に帰すものであり大変残念」などと謝罪した。

●報道の自由なくして民主主義は存立し得ない

簡潔に振り返ると以上のような発言と動きであったが、率直に一部国会議員の劣化を感じざるを得ない。

かつて号泣兵庫県議会議員のことを記し、あまりに酷《ひど》い会見に幼さすら感じたが、時代の危険な風潮を感じることはなかった。今回の一連の発言は不穏な時代の萌芽を垣間見たように思えた。それにしてもあまりにも歴史的認識が欠落しているといわざるを得ない。かつて「選良」といわれた代議士の影も形もない。権力を行使するものの自覚が欠如している。安倍首相に近いメンバーが中心となって構成されている文化芸術懇話会であることを考慮すると安倍首相の責任も重い。この間の一連の安倍首相発言が、その根底に存在しているといえるだろう。

この発言の背景は、これまで憲法上、行使できないとしてきた「集団的自衛権」について、二〇一四年七月に限定的な行使を容認する閣議決定をしたことにある。これらの閣議決定をふまえた安全保障関連法案に多くの国民の理解が得られないのは、メディアの責任だという認識が根底にある。しかし報道の自由や表現の自由なくして民主主義は存立し得ない。さらにメディアには権力監視という重大な役割がある。こうしたことを否定して民主主義国家はあり得ない。

●時代の危険な風潮を感じる

一連の発言には、「解釈改憲」と同根の憲法を軽視する立憲主義や法治主義の否定が存在している。

憲法第二一条は、「①集会、結社及び言論、出版その他一切の表現の自由は、これを保障する。②検閲は、これをしてはならない。通信の秘密は、これを侵してはならない」と定められており、憲法第九九条では「天皇又は摂政及び国務大臣、国会議員、裁判官その他の公務員は、この憲法を尊重し擁護する義務を負ふ」と明記されている。

上記の発言は憲法第二一条に明確に反しているだけではなく、憲法尊重擁護の義務を定めた第九九条にも明確に反している。憲法第九九条の条文上に「国会議員」と明記されているにもかかわらず、憲法をまったく尊重していない発言である。自らの政権や政策に異を唱えるメディアに「悪」のレッテルをはり、「つぶさないといけない」という発言は民主主義を根底から覆すものである。こうした発言に関与した人々が、政権与党の国会議員であることに多くの人々が時代の危険な風潮を感じるのは当然のことである。

またこれら一連の発言があった文化芸術懇話会に出席した他の国会議員から何の批判もなかったことに大きな危惧を抱く。こうした人々が絶対的な多数を形成したとき、言論、出版をはじめとした表現の自由も大きく制限されていくことは容易に想像がつく。

●解釈改憲は憲法原理を踏みにじる

憲法第九九条の憲法尊重擁護義務の中に国民が含まれず、権力を持つ人々が列記されていることに一連の発言をした国会議員は留意すべきである。憲法擁護義務に国民が含まれていないことに日本国憲法の本質が現れているからある。憲法は主権者である国民が、権力者に対して「遵守しなさい」と明らかにした指示文書であり、人権保障の内容と手続きを指示したものだということを忘れてはならない。憲法には統治規定と人権規定が置かれているが、最大の目的は人権保障である。だからこそ他の法律と違って、主権者である国民投票を経なければ改正できないのである。この趣旨からしても、憲法をその時々の政権の考え方によって、解釈変更することの問題点が理解できるはずである。

繰り返しになるが、日本国憲法は権力者が、国民を縛るためのものではなく、主権者である国民が、人権保障のために権力者に遵守させることを明記したものなのである。つまり権力の横暴を抑えるのが憲法である。そのことを間違うと憲法の間違った解釈が横行する。権力者が憲法解釈を勝手に変更するということは、国民から指示されている文書を勝手に変更することになり、憲法の基本原理である国民主権を否定することにつながる。

強いていえば国民と権力との契約書を勝手に変えるようなものである。とりわけもう一つの基本原理である平和主義に関する集団的自衛権の問題については、解釈改憲は憲法原理を踏みにじるもので許されない。立憲主義の明確な否定である。

●砂川判決は合憲性を判断していない

立憲主義を堅持する立場からいえば、国民投票に基づいて憲法「改正」を行ってからすべきである。そうでないと最高法規としての憲法が事実上軽視されてしまい、法治国家の体をなさなくなってしまう。その歴史的証しが、第二次世界大戦終了までのドイツ・ワイマール憲法体制の崩壊である。ワイマール憲法は存在したものの、事実上まったく無視された状態になり、立憲主義は完全に崩壊し、ナチス・ヒトラーの独裁体制が横行してしまった。

政府は一九五九年一二月に出された砂川事件の最高裁判決を引用して集団的自衛権は合憲であるとしているが、砂川事件では集団的自衛権が争点になっていない。このような引用が通じるのであれば、判例の中で都合のよい部分だけを抜き出して、自らに都合のよい解釈をすることができてしまう。

この判決では「憲法がいわゆる自衛のための戦力の保持をも禁じたものであるか否かは別として」と述べており、個別的自衛権を行使することの合憲性すら判断をしていない。

一般的に判決は多くの条件下で結論が出される。条件が一つ変わっただけでも結論が変わる場合も少なくない。そうした条件を無視して都合のよい部分だけを引用するのは大きな誤りである。

●今こそ「不断の努力」が求められている

また憲法「改正」を慎重にしなければならないのは、憲法に基づいて多くの法律が制定されており、それら法律の基盤を形成しているのが憲法であり、憲法の変更は、それを基盤としてきた多くの法律の改変につながるからである。それは法規範の安定性に大きな問題を残す。さらに憲法は先に紹介したように国民から権力者に向けて遵守事項を示したものであり、権力者が長年にわたって構築されてきた解釈を勝手に変更することは国民主権にも反する。

憲法に問題があり、砂川判決を根拠にするなら、判決が出された一九六〇年頃に解釈変更をすべきであったし、国際情勢の変化を解釈改憲の根拠というなら、国民投票によって、憲法「変更」の判断を主権者である国民に仰ぐべきである。

日本国憲法は、第三章「国民の権利及び義務」で、国民に三大義務を負わせている。「義務教育を受けさせる義務」（第二六条一項）、「勤労の義務」（第二七条一項）、「納税の義務」（第三〇条）である。教育と勤労は権利と一体であることも明記されている。そして義務規定ではないが、第一二条に「この憲法が国民に保障する自由及び権利は、国民の不断の努力によつて、これを保持しなければならない」と規定している。集団的自衛権の問題は国民の自由及び権利と密接に結びついている。少なくともこの憲法を形骸化させず、国民の自由と権利を保持するためには、今こそ「不断の努力」が求められているといえる。

3 政治とメディアが結託すれば

●文科省文書は怪文書ではなかった

憲法の軽視や法律の無視は、加計《かけ》学園問題でより一層明確になったといえる。先に「ナチズム」を日本語に翻訳した方の言葉をそのまま引用して、「政治とメディアが連携すれば」としたが、この「連携」という言葉が適当ではないと考え「結託」に変えた。その最たる事例が二〇一七年五月二二日の読売新聞朝刊による文部科学省前事務次官・前川喜平氏に関する報道である。「前川前次官　出会い系バー通い　文科省在職中、平日夜」との見出し記事である。この記事が掲載されたのは多くの読者もご存じのように前川前次官が加計学園問題で、菅義偉官房長官が「怪文書みたいな文書」と表現した資料の存在を文科省に実在した文書だと明言した時期である。前川氏は「私が現職時代に担当課の職員から受け取った文書と、朝日新聞が報じた文書は同じもの。日付や名前が入っていないことなどから怪文書呼ばわりされたが、あれは部下が上司に説明するためのレク用の資料です。部下が目の前の幹部に見せながら説明する、その場限りの資料。名前や日付が入ることはない。霞が関で働く人であれば、あれを怪文書と言う人はいない。加計学園の獣医学部新設に関する文書は、非常に歪められた行政の実態を示す文書だ」と安倍政権への批判をメディアに述べた時期である。

●前川前次官へのまさに「印象操作」

その後、文科省が再調査をして前川前次官の証言を認め、菅官房長官も「怪文書」ではないことを認めざるを得なくなった。種々の世論調査も森友学園問題や加計学園問題に関する安倍政権の説明が極めて不十分であると市民が感じていることを明らかにした。

私が最も危惧するのは、多くのメディアも報じているように日本最大の発行部数を持つ読売新聞が、安倍政権に都合の悪い情報を証言した前次官の信用を失墜させるような報道を「意図的」に行ったことである。読売新聞大阪本社で新人や記者を対象に何度も講演を行ってきた私も驚いた。読売新聞に好意的に考えても問題だと指摘せざるを得ない。記事の内容、安倍政権と前次官との関係、掲載された時期、目的、記事の態様など、いずれの視点で分析しても官邸からのリークがあったとしか考えられない。まさに安倍首相が国会答弁で多用していた「印象操作」としか思えないのである。証言者である前川前次官が、信用できないスキャンダラスな人間だと「印象操作」をして、彼の証言が信用に値しないものだと多くの読者に植え付けたかったのだろうと推察できる。

●あまりに幼稚で露骨な「情報操作」

あまりに拙劣な「情報操作」「印象操作」と指摘せざるを得ない。もっと端的に言えば、日本を「代表」するメディアと日本政治の中枢である官邸の作為なら極めて稚拙だ。こうした稚拙な「情報操作」で厳しい内外情勢をふまえた政治を主導していけるのだろうかと心配する。

読売新聞の社会面に掲載された記事内容からも見ても上記のように指摘せざるを得ない。先に紹介した見出しの下、現役時代に新宿・歌舞伎町の出会い系バーに出入りしていたこと、前川氏が二、三年前から週に一回ほど店に通う常連だったことを紹介し、「『出会い系バー』や『出会い系喫茶』は売春の温床とも指摘される」と述べ、「不適切な行動に対し、批判が上がりそうだ」とも記している。しかし「批判」の対象になったのは、そのような記事を掲載した読売新聞のほうであった。その後も前川氏が買春した事実などを指摘する情報はなく、今に至るもそうした事実はまったく報道されていない。前川氏も「出会い系バー」に行ったことは認めているが、その目的は後述するように別にあったことをメディアや国会等で証言している。

●なぜこの時期に表ざたになったのか

その後、この読売新聞報道をふまえ、菅官房長官は記者会見で「昨日の前川さんの会見をふまえて、杉田副長官に確認したところ、前川氏がそういう場所に出入りしている情報を耳にし、（次官時代の）本人に確認したところ、事実であったということで、厳しく注意したということである。杉田副長官から報告を受けた。

また、昨日の前川氏の会見では、女性の貧困問題の調査のために、いわゆる出会い系バーに出入りし、かつ女性に小遣いを渡している。ここはさすがに強い違和感を覚えた。多くの方もそうだったのではないか」「常識的にいって、教育行政の最高の責任者がそうした店に出入りして、小遣いを渡すようなことは、到底考えられない」と述べている。つまり官邸内部の中枢幹部が、前川氏が現役時代からいわゆる出会い系バーに通っていたことを把握している。そのことが問題だというのなら、なぜその時期に公表せず、前川氏の安倍政権に対する批判的証言時に表ざたになるのか理解に苦しむ。そして読売報道に呼応する形で、日頃とは大きくトーンの違うコメントを菅官房長官が記者会見で述べたことにも「強い違和感」を抱いた。

●前川氏ではなく読売新聞に批判が殺到

官房長官が「さすがに強い違和感を覚えた」ような問題なら、なぜ杉田副長官にその時点で報告をしなかったのかと叱責すべきである。

もし安倍政権の側の人物が同じような報道をされたのなら、まったく違ったコメントになったであろうことは容易に想像できる。こうした記者会見の内容も読売新聞と官邸との「結託」を推察させる。ほぼ官邸しか知らなかった事実が、なぜこの時期にセンセーショナルに読売新聞で報道されたのかと多くの人々が疑問に思うのは当然である。

さらに読売新聞の記事を読んで、私自身が「強い違和感を覚えた」のは、「『出会い系バー』や『出会い系喫茶』は売春の温床とも指摘される」と記し、前川氏をその「常連客」と述べて、あたかも売春をしていたかのような「印象操作」をしている点である。それだけではない。「不適切な行動に対し、批判が上がりそうだ」と勝手に予想し、多くの読者に「批判」をすべき「不適切な行動」だと「扇動」しているようなところである。

●政治権力への迎合記事ではないのか

記事内容に関して他のことも指摘したいが、記事内容以外にもあの時期に読売新聞で上記のような記事を掲載すれば、官邸からのリークだと指摘されて、官邸と「結託」している、あるいは「忖度《そんたく》」していると、多くの読者から受け取られると日本を代表するメディアとして考えなかったのかという疑問である。そうしたことが理解されていなかったのなら、読売新聞がメディア企業として極めて深刻な状態にあると指摘せざるを得ない。読者や市民をなめているとしか考えられない。

新聞社が掲載した記事を一〇〇%信じる読者ばかりではないことを肝に銘ずるべきである。メディアを批判的に読み取るメディアリテラシーやネット情報リテラシーの教育がほとんどなされていない日本の義務教育の実情では、情報操作を受けやすい市民体質が存在することは指摘するまでもない。それでもあまりに露骨な権力への「しもべ」的記事は、メディアへの信頼を低下させる。そうした事態は社会を歪めてしまう。その最たる事例が、戦前戦中のメディアと大本営発表である。今こそ「なぜ」メディアと政治権力との関係がこのように変化してしまったのかを明確にするときである。

●大きく低下した読売新聞への信頼度

一方、もう一つ理解できないのは、官邸の情報操作の拙劣さ、露骨さである。もしあの記事が読売新聞ではなく、他の週刊誌なら読売新聞が受けた読者や他のメディアからの批判はあれほどまでにはならなかったと考えられる。なぜあの時期にあのような内容の記事を読売新聞(だけか?)にリークしたのかということである。おそらく官邸はリークではないとする見解を崩さないと思うが、圧倒的多くの人々が官邸のリークだと認識している。官邸の冷静さを欠いた情報操作は、加計問題で追い詰められた結果であったといえる。

もしあの時、読売新聞への支持率、信頼度を調査する世論調査が行われたなら、大幅な低下になっていただろう。私は現場でジャーナリズム精神をもって日夜取材を続けている読売新聞記者を多く知っている。そうした人たちは今回の事案をどのように感じているのかと思うとき、心が重い空気に包まれる。それは記者らが執筆した記事への信頼度も低下することにつながるからである。

また本来「ニュースソース秘匿の原則」は情報提供者を保護するための重要な原則である。それが今回の問題で権力者を保護し、情報操作を容易にしてしまうために使われることに大きな危惧を感じた。この事案はメディアと政治権力との関係を考えるよい機会を与えているといえる。「忖度」や「結託」でメディアが歪まないことを強く願う。

4 人権の根幹を揺るがすフェイク情報

●小さな嘘は大きな嘘に直結

小さな嘘を見過ごすと大きな嘘まで一直線といわれる。それはいかなる不祥事対応でも同様である。不祥事や問題が発生・発覚しても、その解決の原点は正確な事実認定である。正しい方針は正しい現実把握から与えられることを忘れてはならない。

それは二〇一七年二月頃からメディアで大きく取り上げられるようになった「モリカケ問題」ともいわれる森友学園と加計学園に関わる問題も同様である。これらは政治の根幹に関わる問題であった。

一部の識者といわれる人々は、モリカケ問題よりもさらに重要な外交問題や国内の政治課題が山積しているといい、いつまでモリカケ問題を国会で取り上げるのかと主張していた。これはまったく的外れの指摘である。

日本政治の根幹に関わる問題だという認識を強く持つべきである。それは安倍首相と親しい学校関係者に官僚が優遇や便宜を図ったという問題以上に、国会に対しても国民に対しても堂々と嘘をついてきたという極めて重大な問題を含んでいることにある。

●国会で横行したフェイク答弁

先に小さな嘘を見過ごすと大きな嘘まで一直線と記したが、極めて大きな嘘になっており、国家的な犯罪といえる。最初の嘘を取り繕うために国家的な公文書まで改ざんしているのである。国会は日本国憲法第四一条で明記されているように「国権の最高機関であって、国の唯一の立法機関」である。その最高機関に財務省理財局長という国家の財産を管理している責任者である官僚が堂々と虚偽答弁を強気で繰り返し、その後、国家の税務行政の最高責任者に就任した。それでも総理や副総理でもある財務大臣はほとんど責任をとっていない。

まさに民主主義の危機であり、極めて重大な問題である。繰り返しになるが、「国の唯一の立法機関」が、法律を制定する前提は「立法事実」にある。立法事実とは、法律を制定するときや改正するときの必要性を根拠づける社会的・経済的「事実」のことである。

この立法の前提が嘘であれば、国会は事実でないフェイクに基づいて法律を制定してしまうことになる。それは誤った立法行為につながり、誤った「事実」情報に基づいて制定された法律に国民や市民が縛られることになってしまう。

●民主主義の根幹を揺るがすフェイク情報

最も嘘を排除しなければならない機関で繰り返し虚偽答弁がなされたということは、まさに立憲主義や民主主義の危機という以外にない。そしてその国会論争がテレビ中継等で放送・報道されており、多くの国民・市民がそれを視聴している。その嘘に基づいて国民である有権者が政治判断を行えば、国会での立法行為と同じように誤った政治情報や政策情報で投票判断を行うことになる。

人々は日常生活においても政治判断においても、各種情報に基づいて自身の意見や行動を決定している。民主主義社会の基盤は民主的な選挙が前提であることは言うまでもない。有権者は、正確な政治情報に基づいて投票行動を決める権利を有している。有権者が正確だと認識していた情報がフェイク情報であれば、有権者の政治判断に多大な影響を与え、選挙にも圧倒的な影響を及ぼす。それは間違いなく民主主義の根幹を崩壊させる。かつて最も民主的といわれたワイマール憲法を制定したドイツがナチスを生み出し、第二次世界大戦に突入していった歴史はその典型だ。

●フェイク情報の拡散に悪用されるSNS

人間が物事を考える前提は各種情報である。その情報がフェイクであれば、人々の判断は根底から覆る。政治の世界で最も高いレベルの公の政治的討論は国会の審議であり、人々はその審議過程を重要な情報として取得し政治判断を行う。その判断が政権構成に大きな影響を与える。つまりフェイク情報は政治に甚大な悪影響を与えるのである。

先に取り上げたエルンスト・ブロッホの「政治とメディアが連携すれば、どんな文化の国もたちまち暴力の国になる」という言葉どおりになってしまう。情報を広める役割を持つメディアの重要性を指摘した言葉でもある。このメディアの定義も、先述したように今日ではかなり変化し、個人もマスメディア的位置を占めるようになってきている。その代表格がSNS（ソーシャルネットワークキング・サービス）である。個人が発信した短文や写真、動画が、アッという間に多くの人々に広がっていく。その中のフェイク情報に多くの人々は大きな影響を受けている。

●耐震偽装は建物を、答弁偽装は政治をダメに

こうしたフェイクが政治の中枢、国権の最高機関でも繰り返し行われてきたのである。一連

の真相を解明することは、外交・内政問題とも関連して最重要課題である。これらの問題を軽視する人々は、基礎工事をせず、多くの基準を満たさずに建物を作る行為を奨励しているようなものである。ビルや家屋などの建物を建てるとき耐震を無視して建てることと同じである。

かつて耐震偽装が社会的に大きな問題になったことがあったが、国会等における虚偽答弁、フェイク答弁は、耐震偽装になぞらえて申し上げるなら、間違いない答弁偽装、偽装答弁である。このときにどのようなビルや家を建設すべきかということを議論するよりも、耐震偽装の真相を明らかにすることのほうが重要であることは言うまでもない。耐震が偽装された建物が地震によって、崩壊するようなことになっては人々の安全は確保できない。同様に国家の根幹部分で偽装があれば、民主主義は崩壊する。自明のことである。だからこそモリカケ問題に明け暮れている場合ではないという一部の識者に対して、民主政治の根幹を理解せず、国を不幸な方向に誘導する人々だと断じているのである。重要な外交問題で、同様の偽装答弁やフェイク情報が横行すれば、外交を間違った方向に誘導することにつながる。それは国の外交政策を誤らせる。

●予断や偏見はフェイクを広める触媒に

嘘、デマ、虚偽、フェイク情報が、過去に多大な不幸を多くの人々にもたらした史実を決して忘れてはならない。フェイクと独裁は表裏一体であり、逆に民主主義と正確な情報も表裏一体であることを肝に銘じるべきである。またフェイク情報によって掌握された政治権力、維持された政治権力は、より一層情報操作を行い権力基盤を固める傾向を持つことが多い。

その典型がナチスドイツである。その際、差別を助長する予断や偏見が活用されることも頻繁に見られる。予断や偏見はフェイクを広める触媒にもなる。デマが伝わるときは、同化といって社会的な偏見に迎合する形で情報が歪曲されていることが多い。多くの人々にとって、同化された情報の嘘を見破るのは極めて難しい。

ヒトラーは、自著『わが闘争』で、「大衆の受容能力は非常に限られており、理解力は小さいが、その代わりに忘却力は大きい」と述べ、「この事実からすべての効果的な宣伝は重点をうんと制限して、それをスローガンのように繰り返し利用すべき」と説いている。

●フェイクがフェイクを生み出す悪循環

SNSのフェイク情報が短文で、一挙に多くの人々に伝わる様は、上記のヒトラーの言説を実践しているかのようである。ナチスは「嘘も一〇〇回言えば本当になる」と言ったが、言い換えればSNSで一人の人が発信して一〇人に広まり、その一〇人がさらに一〇人に広めるようなことが繰り返されれば、短時間で一万人に広まってしまう。間違いなく大きな影響力を持ち、「嘘が本当のようになる」といえる。

現在では、このSNSを駆使して各種選挙に勝利できるような時代になりつつある。さらにフェイクが横行すれば、フェイクに対する罪悪感も薄れ、フェイクを聞かされるほうも「慣れ」ともいえるような状況になり、本来なら極めて重要な悪行にもかかわらず、怒りさえも感じなくなってしまう。現在の日本の政治状況がそのようになりつつあり、人々の政治センサーが限りなく鈍感になっていくようで大きな危惧を抱く。

人間も痛み等のセンサーが鈍感になれば、心筋梗塞等の重篤な病に罹《かか》っていても胸に痛みを感じることがなくなることがある。そうしたなかで病はさらに悪化し、そのまま亡くなってしまう人がいる。人間の身体のセンサーが鈍感になれば、上記のような状態になるように、人々の政治センサーが鈍感になれば、政治の悪化を自覚したときには、その状態が取り返しのつかない事態に進行していることは多くの歴史が示している。

●教育の基盤としての情報リテラシー教育

私たちは日々の生活の中で、「昨日に変わるように見える今日、今日に変わるように見える明日」と考えてしまうことが多い。しかし数年という単位で観察すると時代が大きく変貌していることがある。ここ数年の日本政治を観ていて特に感じる。

私たちは、日々さまざまな情報に囲まれて生きている。その影響から逃れることはほぼ不可能である。すべての情報は何らかの操作が行われており、それらの情報に晒《さら》されている。その正否を知るすべは、ほとんどの人々にはない。SNSで入ってくる情報は、ほとんどの場合、情報の真偽も精査されていない。どの情報が正確な情報かも一般市民にとってはわからない。メディアの概念も変わりつつある現在において、テレビ、新聞、ラジオ等の既存マスメディアに対するメディアリテラシー教育だけでなく、SNS等で個人が発信する「個人発信型マスメディア」等への情報リテラシー教育も極めて重要だと認識すべきである。それは人権教育だけではなく、すべての教育の基盤として行われなければならない。義務教育から大学教育、社会教育、職場教育においての最重要課題であるといえる。今日の社会的課題を解決していく基盤的な教育といっても過言ではない。再度、「情報と人材がすべてを決する」といわれていることを重く受け止めなければならないといえる。

第三章　メディアと捜査機関の情報操作

1　足利事件とメディア

●冤罪発生メカニズムの究明を

メディア報道の問題点について足利事件報道を事例にさらに掘り下げていきたい。二〇〇九年六月四日、足利事件の真犯人とされて服役していた菅家利和さんが、無罪の可能性が濃厚になったとして釈放され、二三日東京高裁は再審開始を決定した。当時、本人の自供とともにDNA鑑定が重要な証拠として採用され、最高裁で無期懲役が確定した。それが精度の向上したDNA鑑定によって、無実が証明された。

すでに逮捕された一九九一年一二月二日から一七年半が経過している。その間に菅家さんの御両親は息子の無実が明らかになる前に他界された。本人の立場に立つと言葉では言い表せない憤りを含む複雑な気持ちがあると察する。

一七年半の歳月が失われただけではなく、犯人のレッテルを貼られた菅家さんから多くのものを奪った。菅家さんは記者会見で検察や警察を「絶対に許せない」と語り、その後、検察庁や栃木県警が異例の謝罪を行ったことも報道された。栃木県警は本部長が本人に直接謝罪したが、検察庁はいまだ本人への直接謝罪は行っていない。謝罪ですむ問題ではないが、最低限行う必要があったことはいうまでもない。

また、冤罪の再発防止のための徹底した取り組みも必要であった。足利事件の冤罪を生み出した背景・原因を明確にしない限り、同様のことは再発する。それらの冤罪発生メカニズムを究明する取り組みを強力に推し進めなければならない。

後述する「郵便不正事件（偽証明書発行事件）」の容疑者として、村木厚子さんが逮捕されたのは、菅家利和さんが釈放された一〇日後の二〇〇九年六月一四日である。同じ過ちを何度も繰り返していると言っても言い過ぎではないだろう。

●犯罪報道の犯罪性

そして菅家さんに謝罪する必要があるのは、検察や警察だけではないことも付け加えておきたい。当時のメディア報道にも多くの問題点があった。

当時、メディアは検察や警察の謝罪と、冤罪の真相究明の必要性を声高に述べていたが、それはメディア報道についてもいえたことである。逮捕直後の報道は、彼を完全に犯人として扱っているだけではなく、犯行と結びつけるような「私生活」を興味本位の見出しとともに紹介していた。

ここでは菅家さん逮捕時のメディア報道のごく一部を紹介し、「犯罪報道の犯罪性」について考えてみたい。メディア企業によって、犯罪報道に一定の違いがあり、当時においても逮捕報道のあり方に悩むメディアも存在していたが、問題報道もたくさんあった。ここでは読売新聞報道を素材に検証していくが、問題なのは読売新聞だけではない。

当時の報道を理解していただくために、引用も長くなるが、御容赦願いたい。紹介する記事は、逮捕当日と翌日の記事であり、判決はもちろん起訴すらされていない段階の記事である。

まず逮捕当日の一九九一年一二月二日付読売新聞・三一面の見出しは、「〝ミクロ〟の捜査一年半」「幼女殺害、容疑者逮捕」「一筋の毛髪決め手」「菅家容疑者ロリコン趣味の四五歳」との見出しで以下のように記述していた。

●〝幼女の敵〟にされた菅家さん

まずリード部分で「容疑者に導いたのは一筋の毛髪――栃木県足利市の幼女殺害事件で二日未明、同市内の元運転手、菅家利和容疑者（四五）が殺人、死体遺棄の疑いで足利署に逮捕されたが、延べ四万人の捜査員を動員したローラー作戦とともに〝DNA捜査〟が、四千人に及ぶ変質者リストからの容疑者割り出しにつながった。週末の『隠れ家』でロリコン趣味にひたる地味な男。その反面、保育園のスクールバス運転手を今春まで務めるなど、〝幼女の敵〟は大胆にもすぐそばに潜んでいた」と紹介している。

「『隠れ家』でロリコン趣味にひたる地味な男」と表現し、彼の借りている自宅が「隠れ家」となり、後に紹介する翌三日の新聞で「雑誌類を含め、ロリコン趣味を思わせる内容のものはなかった」と否定されているにもかかわらず、「ロリコン趣味」という見出しを、逮捕当日には堂々と使用している。「隠れ家」「ロリコン趣味」という表現を使うことを通じて、読者を誘導しているとしか考えられない。

それだけではない。「保育園のスクールバス運転手を今春まで務めるなど、〝幼女の敵〟は大胆にもすぐそばに潜んでいた」という内容になり、逮捕された段階で「幼女の敵」として、犯人と断定されている。これが正当な事件報道なのだろうか。決してそうではない。すでに有罪が確定した真犯人に仕立て上げられている。「推定無罪の原則」はないに等しく、「菅家容疑者」への憎悪と不審を掻き立てているとしか考えられない。この記事を読んだ読者は、間違いなく当時の「菅家容疑者」への憎しみを増幅させ、真犯人と断定するはずである。

●発表を鵜呑みにした報道

さらに本文では、「事件発生から四か月が過ぎた昨年秋、ついに菅家容疑者が浮かんだ。ピーク時には四千人に達した変質者リストを基に、一人一人のアリバイをつぶすという途方もない作業だった。

捜査本部は、この後一年を越える内偵で、菅家容疑者の毛髪を入手。真美ちゃんの遺体などに残された体液とDNA鑑定を依頼、先月下旬、ついに『他人である確立は千人に一人で、ほぼ同一人物と断定できる』との鑑定報告を手に入れた。

真美ちゃんが失踪したのは昨年五月十二日午後六時半。この約十六時間後に遺体を発見、比較的新しい状態で真美ちゃんの遺体から犯人の体液を採取したことが、結果的にDNA鑑定の成功に結びついた。

事件発生から約一年七か月。動員された捜査員は一日平均百人、延べ四万人を超えていた。『私がやりました……』菅家容疑者は、絞り出すような声で真美ちゃん殺しを自供した。午前中、取調官が事件に触れると、ポロリと涙を流した。『容疑者に間違いない』と取調官は感じた。

だが、菅家容疑者が事件について語り始めたのは夜十時近くになってから。取り調べは一日朝から十四時間にも及び、事件発生から一年半にわたる捜査がようやく実を結んだ瞬間だった」という記事になっている。

●作られた「迫真に迫る自供」記事

完全に捜査当局の発表を鵜呑《うの》みにした報道になっており、この記事を信じた読者は、彼を有罪と断定するのに何の躊躇《ちゅうちょ》もないといえる。

「絞り出すような声で真美ちゃん殺しを自供した」、「午前中、取調官が事件に触れると、ポロリと涙を流した」、「『容疑者に間違いない』と取調官は感じた」といった表現は、彼の自供があたかも真実であるかのように、読者に思わせるのに十分すぎるほどの脚色である。もし私が裁判員になって、これらの記事を疑いなく信じれば、彼に有罪を言い渡してしまうだろう。

また中見出しには「〃週末の隠れ家〃借りる」とした上で「二十代半ばに結婚したがすぐに離婚。同市家富町の実家で両親や妹と暮らしているが、十数年前『週末をゆっくり過ごすため』と、真美ちゃんの遺体発見現場から南へ約二キロ離れた同市福居町に、六畳と四畳半二間の木造平屋一戸建てを借りた。この『週末の隠れ家』には少女を扱ったアダルトビデオやポルノ雑誌があるといい、菅家容疑者の少女趣味を満たすアジトとなったらしい。（後略）」

この記事も菅家さんを犯人扱いし、読者の予断や偏見を増幅する役割を担っている。「少女趣味を満たすアジト」とりわけ「アジト」といった表現は、読者の偏見を増幅し煽る表現以外の何ものでもない。

●菅家さんは「百万人の中の一人」か

翌日一二月三日の読売新聞社説は「難事件を解決したＤＮＡ鑑定」とのタイトルで「（前略）容疑者は性的異常者と見られるが、自分の欲望のために、罪もない無抵抗な幼女を殺害する犯行は、憎んでも余りある。（中略）今回の事件では、幼女の衣類に残されていた微量の体液と元運転手の毛髪の遺伝子ＤＮＡ（デオキシリボ核酸）が一致したことが、逮捕の有力なキメ手になった。

人の細胞の中にあるＤＮＡは、その配列や構造が、人によって違い、生涯変わらない。それを分析することで、個人を識別するのがＤＮＡ鑑定だ。従来の血液鑑定と併用すれば、百万人の中の一人を特定できるほど精度が高いと言われる（後略）」と述べられている。

タイトルからして「難事件を解決したＤＮＡ鑑定」となっており、真犯人が捕まってすでに『難事件を解決した」となっている。社説はその社を代表する主張である。その社説においてすでに犯人を断定しているのである。さらに「容疑者は性的異常者と見られるが、自分の欲望のために、罪もない無抵抗な幼女を殺害する犯行は、憎んでも余りある」となっており、菅家さんは「性的異常者」にされており、「罪もない無抵抗な幼女を殺害する犯行」の実行犯にされている。

また、ＤＮＡ鑑定についても「従来の血液鑑定と併用すれば、百万人の中の一人を特定できるほど精度が高い」と記述されており、菅家さんが「百万人の中の一人」であると述べているに等しい。

●足利事件報道の徹底した検証を

こうした報道や記事、社説は許されるはずもないが、無罪が確定してからは、検察や警察の謝罪の必要性、捜査の問題点等を声高に述べても、読売新聞は菅家さんに謝罪もしていない。メディアの信頼を大きく損なう行為といっても言い過ぎではないだろう。

ここで誤解がないように付け加えておきたいが、私は読売新聞の多くの真摯な記者を信頼している。それでも過去のメディア報道に目をつむることは許されない。メディア自身の手による真摯な検証が求められていたが、十分な検証がなされたとは言い難い。

同日の三一面には「犯行動機を供述　自宅からビデオなど押収」との見出しで「(前略) 調べによると、犯行の動機について同容疑者はこれまで言葉を濁していたが、この日の取り調べで『いたずらをしようとした時に、騒がれたら困ると思い殺した』と供述した。

一方、二日午後、同市福居町の借家と同家富町の実家の二か所で家宅捜索が行われた。同本部では借家から (中略) 菅家容疑者が乗っていた自転車などを押収した。(中略) 雑誌類を含め、ロリコン趣味を思わせる内容のものはなかった」となっている。

以上の報道が読者だけでなく、捜査当局の捜査にも大きな影響を与えている。捜査機関の発表にほとんどを依拠した「発表報道」がメディアを席巻し、「犯人」とされた人への憎悪をかき立てる過剰報道が展開され、過激な世論が醸成された。それらのメディア報道が捜査機関の強引な捜査を可能にし、捜査担当者の確信を深めさせ、冷静な捜査や証拠の検証を遠ざけることになる場合が多い。そうした事態によって、冤罪の可能性を追求させることを忘れさせ、「犯人」が強引に作られていくことになる。

こうしたことを防ぐためにも冤罪発生の原因究明とともに足利事件報道の検証を徹底して行う必要があったといえる。当時、一定の検証はなされたが、極めて不十分なものであった。事件報道からかなりの年月が経過しても、「忘れやすい大衆」を前に「忘れやすいメディア」になってはいけないことは自明である。

2 足利事件報道の検証は十分であったか

●菅家さんに対する謝罪はなかった

二〇〇九年六月二七日付読売新聞に「足利事件本紙報道を検証」との見出しで、検証した記事が掲載されていた。

しかしその検証記事は、検証内容が不十分であると指摘せざるを得なかった。少なくとも逮捕翌日の一九九一年一二月三日に掲載された社説の検証がまったくなされていない。社説は「難事件を解決したDNA鑑定」とのタイトルで「事件解決」になっているとともに、「容疑者は性的異常者と見られる」などの記述も存在する。それらの問題点を読売新聞のある記者に伝え、新聞社として十分な再検証を行うべきではないかと指摘した。誤解がないように申し上げておくが、逮捕時の足利事件報道の問題は、読売新聞だけの問題ではない。他にも問題のある報道を行ったメディア企業も多く存在する。しかし十分な検証が行われたとは言い難い。また菅家さんに対する謝罪もなかった。読売新聞には私も信頼している多くの記者がいるが、その声は編集トップ層には届いていなかった。

●自らに甘い体質を露呈していないか

これは明確な新聞社による人権侵害であり、メディア企業の報道には「推定無罪の原則」がないに等しいということを顕著に示した事例である。

読売新聞東京本社は、今も上記に指摘した社説が正しいと考えているのだろうか。もし誤りがあったと認識しているなら、なぜ謝罪しないのだろうか。逮捕報道から一八年近く経っていた記事だから読者はすでに忘れていると考えていたのだろうか。

新聞社が読者に提供しているサービスは「情報」であり、それで民間商業メディアとしての利益を得ている。

近年の企業不祥事で最も注目を集めている一つは、「製品・サービスの安全性」である。新聞社をはじめとするメディア企業にとって、「情報サービスの安全性」の重要な一つは「情報の正確性」である。その正確性において、決定的な過ちを犯しているにもかかわらず、訂正もしなければ謝罪もしない。例えていうなら「食の安全」を犯した食品企業が、欠陥商品や食品偽装も認めず、記者会見もせず、謝罪もしないのと同じである。

もしこれがメディア企業ではなく、製品・サービスを提供している一般企業であるならメディアによる集団過熱報道の嵐になっていただろうことは容易に想像がつく。これではメディアの特権の中で、自らに甘い体質を露呈することになり、メディア企業の信頼性はますます低下するといえるだろう。

●なぜ「難事件を解決した」となったのか

これらに関してどのメディア企業も他のメディア企業を批判しない。私には「談合体質」、「メディア・カルテル」のように思えてならない。「赤信号みんなで渡れば恐くない」といった言葉が流行った時期があったが、その際たるものである。

新聞社にとって「社説」とは、日々生起する政治、経済、社会などの問題に対して、新聞社の責任において、その問題の正否を論じたり、解説したりするために紙上に掲げる意見・主張である。まさに新聞社にとって最重要紙面である。その紙面の誤りも訂正できないのはなぜなのだろうか。一つだけ考えられるのは、読売新聞社は今も社説の誤りを認識していないと推測されることだけである。

しかしどのように考えても、社説には否定できない過ちが含まれている。すでに先に引用した内容にもあるように「難事件を解決したDNA鑑定」とのタイトルである。「難事件の解決」とは真犯人が見つかって、事件は解決したと決め付けている表現以外の何ものでもない。逮捕二日目のこの時点で、すでに犯人は菅家さんに断定されている。少なくとも読者は間違いなくそのように読み取り理解した。読売新聞社はそのように考えていないのだろうか。もし誤りであったと認識しているなら、なぜ菅家さんを犯人と決め付けるような過ちを犯したのか、その背景原因を明らかにすべきであった。

●なぜ「容疑者は性的異常者」になったのか

さらに「容疑者は性的異常者と見られる」との内容が当時も正しいと認識していたのだろうか。いまだ訂正も謝罪もなされていない。何を根拠に「性的異常者」という表現になったのだろうか、その背景原因も明らかにすべきではなかっただろうか。

二〇〇九年六月二七日の検証記事では、「逮捕を伝える二日朝刊社会面では、『ロリコン趣味の四五歳』の見出しで、菅家さんが週末を過ごしていた借家について『少女を扱ったアダルトビデオやポルノ雑誌があるといい、少女趣味を満たすアジトになったらしい』との記事を掲載した。

記事は、県警担当の記者が菅家さん逮捕の約一週間前、県警幹部からの取材をした情報がもとになっていた。別の複数の捜査幹部からも『逮捕できるだけの直接証拠ではないが、状況証拠の一つだ』との感触を得ていたことから、菅家さんの逮捕直後に記事にした。

しかし、捜査で少女を扱ったアダルトビデオなどは発見されなかった。このため、翌三日の朝刊社会面の記事で『ロリコン趣味を思わせる内容のものはなかった』と修正したが、菅家さんについての予断や偏見を読者に与えた可能性はある」となっていた。

捜査関係者の誰が、非公式に菅家さんが「性的異常者」と流したのだろうか。ニュースソースの秘匿原則があっても、新聞社としては独自に情報をもたらした捜査関係者に検証すべきではなかっただろうか。

●社会面の記事と社説のどちらが正しいのか

この検証記事も極めて甘い。同じ新聞で同じ日に、一方では「ロリコン趣味を思わせる内容のものはなかった」と記事にし、もう一方では社説で「性的異常者と見られる」と書いている。なぜなのだろうか、明確にすべき重要な事項であった。

少なくとも社説は新聞社を代表する記事である。読者はどちらを信じると考えているのだろうか。社説を担当する論説委員は、高度な識見と知識を持っていると考えている私たちのほうに、勝手な思い込みがあるのだろうか。

検証記事は「県警幹部から取材をした情報がもと」「別の複数の捜査幹部からも」情報を得ていたと記しているが、あたかも「県警幹部」や「捜査幹部」に責任があって、報道した新聞社の責任は半減されるような表現である。本当にそうだろうか。これらの情報はすべて公式発表ではない。いわゆる秘密の情報が漏れた「リーク」と呼ばれる「非公式情報」である。このような体質であれば、捜査機関の情報操作を容易に受けるということを新聞社自らが認めていることにならないのだろうか。なぜリーク情報をそのまま報道したのか明らかにすべきではなかっただろうか。私には捜査機関が「公式発表」と「非公式発表」を巧みに使い分けて情報操作し、それを新聞社が無批判に受け入れているとしか考えられなかった。

●リーク情報が紙面を踊っていないか

足利事件の報道は「司法とメディアが連携すれば、どんな無実の人もたちまち凶悪犯」になり、「捜査機関とメディアが連携すれば、どんな無実の人もたちまち凶悪犯」になってしまうことを証明したようなものであった。このような報道は他にもある。

逮捕当日の記事には「『私がやりました……』菅家容疑者は、絞り出すような声で真美ちゃん殺しを自供した。午前中、取調官が事件に触れると、ポロリと涙を流した。『容疑者に間違いない』と取調官は感じた。

だが、菅家容疑者が事件について語り始めたのは夜十時近くになってから。取り調べは一日朝から十四時間にも及び、事件発生から一年半にわたる捜査がようやく実を結んだ瞬間だった」という記事になっている。

完全に捜査当局のリークを鵜呑みにした報道になっており、この記事を信じた読者は、彼を有罪と断定するのに何の躊躇もないだろう。

「絞り出すような声で真美ちゃん殺しを自供した」、「午前中、取調官が事件に触れると、ポロリと涙を流した」、「『容疑者に間違いない』と取調官は感じた」といった表現は、彼の自供があたかも真実であるかのように描いている。十分すぎるほどの脚色である。

これらの表現は検証記事ではまったく取り上げられていない。この程度の検証記事で日本を代表する新聞メディアの検証といってよいはずがない。それとも私たちに新聞メディアに対する過剰な幻想があるのだろうか。

また、この検証記事では「『ロリコン趣味を思わせる内容のものはなかった』と修正した」となっているが、前日は「ロリコン趣味の四五歳」と「大きな見出し」で記載し、修正は付け足しのように記事の中に潜り込ませるのは正当な修正なのだろうか。

検証記事でも「菅家さんについての予断や偏見を読者に与えた可能性はある」となっているが、多くの読者は見出ししか見ていない場合のほうが多い。検証という限り、読者の立場に立った検証が求められていたといえるだろう。「見出し」と「小さな文字」の記事では、読者に与える影響がまったく違うことを検証でも明確にすべきであったといえる。

●第三者機関による真摯な検証を

それだけではない。この検証記事には、先にも指摘したように「社説」の検証がなされていない。なぜなのだろうか。新聞社も行政機関の悪弊のように縦割りなのだろうか。

さらに検証記事では「菅家さんが週末を過ごしていた借家」という表現になっているが、逮捕当日の記事では、その借家が大きな見出しで「週末の隠れ家」となり、「菅家容疑者の少女趣味を満たすアジトとなったらしい」と記され、「借家」が「隠れ家」「アジト」という表現になっている。これらは検証する必要がなかったのだろうか。

また社説は「従来の血液鑑定と併用すれば、百万人の中の一人を特定できるほど精度が高い」と述べている。社説の中で述べられれば、多くの読者は、「菅家さんが百万人の中の一人である」と誤解しないだろうか。社説で「今回のように超微量で完全な検査が困難な場合には、識別確立が落ちることもある」と付け加えても問題は残るといわざるを得ない。少なくともメディア企業が、多くの不祥事企業に求めるように第三者機関による真摯な検証をする必要があったのではなかっただろうか。

3 「最強」の捜査機関とメディアのタッグ

●逮捕が過熱報道の分岐点

二〇〇九年三月三日、当時の民主党小沢一郎代表の公設第一秘書が、政治資金規正法違反容疑で逮捕された。その逮捕を契機にメディアによる洪水のような集団過熱報道が始まった。まさに逮捕されるか否かが、過熱報道の堰《せき》を切ることになるのかどうかの分岐点となっており、政治的には最も大きな意味を持つ。本項では逮捕以降のメディア報道のあり方を中心に検証することにしたい。

多くの読者は事件の一部をメディア報道で知っていたと思うが、約一〇年前の事件であり、あらためて簡潔に紹介しておきたい。

小沢代表（当時）の資金管理団体「陸山会」が、準大手ゼネコン西松建設のOBを代表とする二つの政治団体「新政治問題研究会」「未来産業研究会」から献金を受けていた問題に関わる事件である。この二つの団体が西松建設「ダミー」の政治団体であるとして虚偽記載の容疑で公設第一秘書が逮捕された。

●逮捕する必要があったのか

これまでの政治資金規正法の虚偽記載違反容疑に関する捜査手法から大きく異なる逮捕に、メディアを含む多くの関係者は、後に大きな事件に発展するのではないかと予想し、報道内容もそうした視点で過熱した。政権交代もあり得る総選挙を間近に控えたこの時期に、東京地検特捜部が政治的影響の大きい野党第一党の代表秘書を逮捕するということは、逮捕しなければならない事件の深みがあるはずだと考えられていたのである。

しかし結局は逮捕容疑の虚偽記載だけであり、事件の進展がほぼ見られないような状況になった。「大山鳴動ネズミ一匹」という言葉がピッタリと当てはまるような捜査・起訴となった。

私もこれまで総選挙をはじめとする多くの選挙で重要な役割を担い、組織内外の多くの候補者や政治家を支援してきた。そうした活動とも相まって公職選挙法や政治資金規正法の内容は十分に承知している。その私からみても当時の東京地検特捜部の公設第一秘書の逮捕は極めてアンバランスなものに映った。

●捜査に厳密な公正さが求められる

検察庁が政治の腐敗を浄化するために法令に従って厳格な捜査を遂行することは、最も重要な役割であると考えている。だからこそ政治的影響も大きい事件捜査に関しては、捜査手法も含めて厳密な公正さが求められると指摘したいのである。

仮に公設第一秘書が二つの政治団体への資金出資者が、西松建設であると認識していたとしても、それだけでは政治資金規正法違反にはならない。それらの政治団体が「ダミー」であり、そのことを小沢代表や秘書が認識していなければならない。現時点でも小沢代表も秘書も明確に否定している。もしこの二つの政治団体が「ダミー」であるなら、おそらく何万とある多くの政治団体のかなりの部分が「ダミー」になってしまう可能性があった。

さらに二つの団体から献金やパーティー券として、資金提供されていた国会議員や「派閥」は自民党を中心に多数に上る。それらの議員等も「ダミー」から資金を受けていたことになり、虚偽記載で起訴されなければならないことになる。それらの資金管理団体の会計責任者は逮捕されず、額が大きいというだけで小沢代表の資金管理団体の会計責任者だけを逮捕するというのも大きな矛盾であった。ダブルスタンダード（二重基準）と非難されても仕方がなかった。

●過激な見出しとレッテル貼り

また問題になっている献金は額が多いといっても、すべて政治資金規正法に則って使い道も含めて公になっている資金である。東京地検も捜査・逮捕・起訴に関して多くの点で説明しなければならないことがあるだろうと考えたが、ここでは先にも述べたように逮捕後のメディア報道のあり方について取り上げているので除外した。

第一秘書の逮捕が発火点になって、メディアの集団過熱報道が始まったことは先に述べた。まさに捜査機関の逮捕が集団過熱報道のスターターの役割を担い、メディアが集団過熱報道によって、強引な捜査を進めやすい環境を醸成する役割を担った。

逮捕後の読売新聞の見出しには「小沢氏側が献金要請」「西松に請求書」「小沢氏謝罪なく四〇分」（三月四日夕刊）、「小沢秘書が分散指示」「小口化図る狙い？」「献金二ルート『年二五〇〇万円』」「小沢氏側と西松約束」「小沢代表に疑念広がる民主党内」「小沢氏団体ずさん報告」「東北で円滑受注狙う」「小沢氏強い影響力」「元幹部『要請断れない』」（三月五日）といった文言が踊っている。そして「小沢王国」といった表現が多用され、これまでの小沢代表のマイナスイメージを利用する形で報道が展開されている。これは拙著『ゆがむメディア―政治・人権報道を考える』（二〇〇九年、解放出版社）でも取り上げている政治宣伝七つの原則のネームコーリング（レッテル貼り）以外の何ものでもない。お断りしておくが、筆者は小沢氏と政治的な立場や思考はかなり異なる。

●逮捕＝有罪＝悪人になっていないか

これらの報道とともにテレビ・ラジオ報道、週刊誌報道等がより過激に重なる。例えば週刊文春三月一二日号では「『代表辞任』は必至！新聞、ＴＶが報じない小沢一郎『金庫番』逮捕の全内幕」「検察はなぜ異例の捜査に踏み切ったのか」と過激な見出しが新聞広告に掲載されていた。まさに贈収賄事件報道のようである。これで世論が変化しないはずがない。

もし第一秘書の逮捕がなく、虚偽記載容疑だけであればこのような集団過熱報道にはなっていない。まさに逮捕＝有罪＝悪人なのであり、「推定無罪の原則」はメディア報道ではないに等しい。江戸時代でいうなら裁判前に「市中引き回し」の執行官の役割をメディアが担っているると言っても過言ではない。これで裁判員制度が導入されればいかなる事態になるのかと心の底から心配していた。最低限、裁判員になった人々にメディアリテラシーに関する充実した教育が必要だろうと考えていた。

●情報操作を受けやすい思考が形成

こうした報道によって、小沢＝悪の世論が高揚し、高揚した世論がその種の報道を求めるようになる。そしてその種の報道をすれば視聴率が取れ、視聴者や読者から評価されればますます報道は特化していく。その機に世論調査を実施すれば、調査結果は自ずと捜査機関やメディア報道に沿ったものになる。

そうした世論が、先にも指摘したように捜査機関の強引な捜査を可能にするとともに、思い込み捜査や思い込み取材が平気でなされるような空気を創る。これが強引な思い込み報道を可能にする。それらのメディア情報に突き動かされるように多くの大衆は大きな影響を受け、時代の空気に飲み込まれ、情報操作を受けやすい思考が強化される。

さらに市民の予断や偏見が強化され、それらの予断や偏見に合致した誤った情報がさらに伝搬しやすくなるといった情報を巡る悪循環、スパイラルが起こる。

そうした事態に至らなくても、一連の集団過熱報道が終焉を迎える頃、多くの予断や偏見だけが残って、具体的事実は多くの大衆の中では抽象化されていく。差別問題に関わることで起これば、偏見や差別意識が再生産され強化されることになる。

●一政党だけの問題ではない

一方、政治の世界で起これば政治不信と政治家への信頼が損なわれていく。信頼に値しない政治家であればそれも当然だといえるが、過剰な報道や誤った思い込み報道がそうした事態を作り出すことは、政治や報道対象になった政治家に大きなマイナスの影響を与える。

例えば今回の小沢代表公設第一秘書の逮捕に重ね合わせるなら、集団過熱報道によって過熱した世論に敏感な政治家が、世論に突き動かされ政党内部でも水面下で小沢批判が燻《くすぶ》り、それをメディアは一層かき立てる。その結果、政党のパワーは徐々に低下する。

こうした過剰報道を招いた出発点は、秘書の虚偽記載容疑での逮捕である。しかしその逮捕がバランスや公正さを欠いたものであれば、政治に多大なマイナスの影響を与える。実際にはこれ以上の事件の進展がなかった。一連の報道は何であったのかと今も疑問である。

これは一政党だけの問題ではなく、他の政党でも起こり得る。検察の捜査によって時代の流れを変えることもできることになってしまう。それが政党やその代表者に絡む贈収賄事件等の重大な事件なら当然だといえるが、今回のような虚偽記載容疑だけなら検察の捜査手法に問題があると指摘されても仕方がないだろう。

●誤報が世論に決定的な影響を与える

また上記の一連の報道は、「大本営発表」的な公式情報と非公式のリーク情報をタイムリーに流すことによって、情報を巧みに操作している。公式情報とリーク情報が重なることによって、捜査機関に都合のよい世論を効果的に創り上げていた。

リーク情報は限定されたメディア企業にだけ流されることによって、ときに特ダネ情報となり高い情報価値があると見なされ、報道の扱いも大きくなる。それが後追い報道を誘発する。捜査機関側にとっては、たとえそれが誤った情報、社会的偏見や予断に迎合した情報であっても責任の所在が不明確で責任を取る必要がなく、情報操作の道具としては極めて有効なものとなる。

一連の報道でＮＨＫをはじめとしたメディアは、起訴された後に「大久保隆規秘書、容疑事実を大筋で認める供述」などと報道し、世論に決定的な影響を与えた。しかしこれは誤った報道であったことが明らかになっている。これらのリーク情報に基づくだろうと思われる誤報が世論に決定的ともいえる影響を与え、その後の世論調査に大きな影響を与えている。その世論調査結果が過剰な世論を作り出す源泉にもなっている。

以上のように「悪玉」叩きのメディア競争は集団過熱報道となり、「赤信号みんなで渡れば怖くない」といった状況を生み出し世論を左右する。それが時代の空気を創り上げていく。またリーク情報が捜査機関とメディアの癒着をさらに強め、メディアそのものが捜査機関の情報操作を受けやすくなる。

当時、最強の捜査機関といわれる検察には、起訴便宜主義のもと、起訴するかどうかを決定する最終権限が与えられていた。一方、メディアは先にも指摘したように「市中引き回し」の「権限」が与えられているに等しい。この二つの機関が一つの方向に一体化すれば最強のタッグができる。最強のタッグがゆがむとき日本社会もゆがむことを忘れてはならないだろう。

4 メディアが冤罪に荷担しないために

●事件は密室で作られる

映画「踊る大捜査線」の名セリフ「事件は現場で起こっている」とはまったく逆に「事件は密室で作られ」ていた。それだけではない。主任検事が最高検に証拠改ざんで逮捕されるという前代未聞の事件を多くの読者はご存じだろう。

いわゆる「郵便不正事件（偽証明書発行事件）」である。事件の容疑者として二〇〇九年六月一四日に逮捕された厚労省元局長村木厚子さんが、二〇一〇年九月一〇日に大阪地裁で無罪判決を受け、検察も控訴できず無罪が確定した。

私の知人が弁護団の一員であったこともあり、当初から強い関心を持って見守っていた。個人的にも自宅で事件に関する読売新聞の記事をスクラップし、「この記事はないだろう」と独り言を言ったこともあった。

●懲りないメディア

大阪地検特捜部の捜査に重大な問題があったことは言うまでもないが、メディア報道にも多くの問題点があった。事件に関する読売新聞以外の記事も大学図書館でその多くをコピーしていただき、分析しながらメディアの体質のようなものを深く感じていた。

これまでもメディア報道に関する問題点を多くの誌面を割いて論じてきたが、同じ過ちを繰り返しているように思えてならない。

逮捕当初、大手メディア報道には検察捜査に疑問を呈する記事はほとんどなかった。村木元局長の悪性（悪質性）を強調するかのような真実味を持った「供述」報道がほとんどであり、それらの嘘の「供述」を多くのメディアは見てきたように垂れ流した。

読売新聞を題材にそれらの報道を検証し、メディア等のどこに問題があったのかを検証していきたい。

●でっち上げられた元局長の発言

まず二〇〇九年六月一六日の読売新聞朝刊リード部分では「逮捕の厚労局長　偽証明書『忘れるように』　係長『交付後言われた』」との見出しで「（前略）当時部下だった同省係長・上村勉容疑者（三九）（同容疑で再逮捕）が大阪地検特捜部の調べに対し、『偽証明書を交付した後、村木容疑者から《（この件は）もう忘れるように》と言われた』と供述していることがわかった。団体側から申請書類も一切出されておらず、書類をそろえようとしたところ、『村木容疑者から止められた』とも話しているという」と記されており、言ったこともない村木元局長の「発言」が真実味を持って、同省係長上村勉容疑者が語ったことになっていた。

さらに「特捜部の調べに対し、担当者だった上村容疑者は『課長の指示を受け、自ら証明書に課長印を押した』などと容疑を認めている。さらに偽証明書を凛の会に発行した後、形式的に書類をそろえた方がいいかと尋ねたところ、『面倒なことになるから気にしないで下さい』などと言われ、『（この件は）もう忘れるように』とも言われたと供述している。（中略）特捜部は村木容疑者が、元部長から対応を指示され、違法性の認識がありながら偽証明書を発行したとみている。これに対し、村木容疑者は容疑を否認している」という記事になっている。

●「検事の作文」と指摘

真実を知っていたのは上村容疑者であり、彼が以上のような嘘の証言を自身で作ったのではないことがすでに明らかになっている。先にも指摘したが、村木元局長の悪性を強調するためのシナリオである。

裁判官が「検事の作文」と指摘したのは至極当然のことである。本当に恐ろしいことである。事件にまったく関わりのなかった人が逮捕され、大阪地検特捜部が作り上げたシナリオにそって、その役柄を当てはめられ、犯人にされていくのである。それも多くの人から「信頼」されているメディアを敵に回して「犯罪者」の烙印《らくいん》を押されるのである。

私は誰がどのような動機・目的等で上記の供述調書のシナリオを捏造《ねつぞう》したのか心から知りたいと思った。なぜそのような供述調書を作成したのかを明らかにすることは、このような事件を再発させないために極めて重要なことである。メディアもそうした視点で大阪地検特捜部を取材対象にすべきであった。それが第二、第三の村木元局長を出さないために必要なことであり、これまでのような冤罪を生み出さないことにつながる。

●リーク情報はより価値の高い情報？

多くの検察官は日々真摯に社会の秩序と正義のために努力していると察するが、そうした検察官の努力に応えるためにも厳正な検証が求められた。メディアにおいても情報操作の道具にされないために第三者を入れた十分な検証が必要であった。

偽「供述」がメディアで報道されたそのときから容疑者の「真実の供述」「生の証言」として、ほとんどの読者・視聴者は受け取る。しかしそれは「真実の供述」でも「生の証言」でもなかった。容疑者の供述は検察官や検察事務官を通してリークされた情報である。逮捕・拘置されている容疑者に対する直接取材は日本ではもちろんできない。よって捜査関係者等のリークの裏付けを取ることは容疑者本人からはできず、容易に情報操作が行われてしまう。

つまり捜査機関にとって都合のよい情報だけがリークされたり、情報そのものが歪曲されることも多い。先にも述べたことであるが、記者会見等を開いての公式情報ではないことによって、虚偽の情報であっても捜査関係者は責任を取る必要がなく、情報を取った記者も非公式に取った情報をより価値の高い情報と位置づけてしまう傾向にある。

●嘘も一〇〇回言えば……

それではなぜ捜査関係者はリークするのだろうか。一言でいえば捜査を優位に進めるためであり、先にも述べたように世論操作のためである。取材している記者やメディアは情報操作の道具となっている自覚はほとんどない。むしろ他紙・他局との熾烈な情報獲得競争の結果つかんだ価値の高い情報だと考えている。

ナチスは「嘘も一〇〇回言えば真実になる」と言ったが、メディアにリークすることは、その情報が虚偽である場合、何百何千万の人々に「嘘を言うこと」に匹敵する。新聞の読者、テレビ・ラジオ等の視聴者は数千万人に上る。それが容疑者バッシングの世論を形成し、容疑者やその周辺の孤立感を一層深めさせ、嘘の自白誘導に乗りやすい心理状態を作り上げる。そうした心理状態の下、誘導された供述は公判で高い証拠価値が認められてきた検察官面前調書になる。その検察官の面前で作成された検面調書が公判で「検事の作文」と指摘されたのである。

●人為的に作られた世論

百戦錬磨の人でない限り個人はそんなに強くない。長期間拘留の中でも「否認」を貫いた村木元局長も、取り調べで「執行猶予がつけば、大した罪ではない」と事件への関与を認めるよう迫られ、気持ちが乱れたことを語っていた。そして「早い段階で周囲の応援があり、前向きに闘えた」とも振り返っている。

検察官の圧力によって、偽の供述を受け入れてしまいやすい容疑者から嘘の「供述調書」を認めさせ、なかなか誘導に屈しない容疑者を追いつめていく。その際、容疑者の周りが自身を信じてくれているかどうかが大きな影響を与える。これまでの冤罪事件で「嘘の自白」をした無実の人々も語っている。つまり容疑者の周辺状況が「嘘の自白」と密接に結びついているのである。その周辺の世論形成にもメディア報道は圧倒的影響を与える。それだけではない。リーク報道によって人為的に作られた世論が強引な捜査も可能にしてしまう。それが冤罪を作り出すことにつながる。

●無実を訴える気力すらなくなる

例えば富山県氷見《ひみ》市で起こった「氷見事件」において、強姦罪で有罪判決を受けた「無実の男性」は、服役して刑を終えて出所してからもまったく無実を訴えていない。彼が無実を訴えて冤罪が晴れたのではなく、まったく別の事件の犯人として逮捕された犯人の供述と客観的証拠によって、真犯人が見つかったから彼の無実が明確になったのである。

なぜ彼は無実を訴えなかったのか。多くの人々は不思議に思うかもしれないが、彼はすべてを諦め、無実を訴える気力すらなくしてしまったのである。ゲーテの有名な言葉に「お金を失う人は小さく失い、信頼を失う人は大きく失う。そして希望を失う人はすべてを失う」というのがある。氷見事件の犯人とされた男性は、当時「希望」を失ってしまったのである。彼が孤立感を深めるような取り調べがあったからであり、それが杜撰《ずさん》な捜査や裁判につながった。

その前提に客観報道という名の「捜査機関情報垂れ流し」の発表報道やリーク報道に興じるメディアの存在があったことはいうまでもない。先に紹介した「足利事件」ではもっと酷かった。

まさに「検察権力とメディアが連携すれば、どんな無実の人も犯罪者」になってしまうことの顕著な事例といえる。

容疑者のセリフまで捏造して真実味を持たせようとするリーク情報とそれらを単純に掲載するメディアが連携すれば犯人は容易に作られる。

●癒着と情報操作を受けやすい体質

日本のメディアには情報操作を受けやすい体質・システムが存在する。発表報道が中心のメディア状況の下、官公庁等の発表内容をいかに早く入手するかが競争になり、各社各局の記者もその競争にしのぎを削る。官公庁等の内部情報にいかに食い込むかという競争が、癒着と情報操作を受けやすい体質とシステムを醸成する。とりわけ捜査機関との関係では顕著であり、「客観報道主義」という名の下、報道に間違いがあっても、責任は発表した捜査機関にあると考えている。そうした状況の中で捜査関係者が言った言葉や意向が反映した報道になってしまう。

それらにプラスして集団過熱報道や大衆迎合的な取材・報道、限定された判断材料で報道される恣意《しい》的な記事、中立性・客観性を欠く報道姿勢等が、今日のメディアの信頼性を低下させているのである。

5 メディア企業は「有罪推定の原則」？

●「よみうり寸評」を寸評する

前項に引き続いて大阪地検前特捜部長の逮捕にまで至った「郵便不正事件（偽証明書発行事

件）」の初期報道について、読売新聞を題材にさらに検証していきたい。ただしこれは読売新聞だけの問題ではないことも申し上げておきたい。

二〇〇九年六月一六日夕刊「よみうり寸評」では、「『所管外のことなのでお答えできません』と国会の委員会では答えていた。その人が逮捕された◆〈女性キャリアの星〉といわれた厚労省雇用均等・児童家庭局長、村木厚子容疑者のこと。偽の障害者団体証明書を発行した疑いだ。確かにその職の所管ではない事件だが、五年前の事件当時はこの容疑の問題を所管する障害保険福祉部企画課長だった◆『所管外……』の答弁はいかにも能吏らしい。が、それは役人の世界では通用しても、一般にはどうだろう。問われていることは自分自身のことではないか◆『答えられない』は『かかわりを否定できない』ように聞こえた。今も容疑を否認しているようだが、当時の上司と部下、障害者団体側の話とは違う◆さらにこの証明書発行は〈政治案件〉とかで、国会議員とのからみがいわれている。役人の出世の心得を皮肉った末弘厳太郎著『役人学三則』を思い浮かべた◆その必須要件『形式的理屈をいう技術』『縄張り根性』が冒頭の『所管外……』答弁に表れているように思った」となっている。いかにも村木元局長を皮肉った寸評である。

●思い込みが思い込み記事に

おそらく村木元局長は、自身の潔白を主張したかったただろうと思うが、「所管外のことなのでお答えできません」と言わざるを得なかったのだろう。それを寸評は「『答えられない』は『かかわりを否定できない』ように聞こえた。今も容疑を否認しているようだが、当時の上司と部下、障害者団体側の話とは違う」となっている。どの立場に立って書いているかは明白である。確かに大阪地検特捜部のシナリオ、リーク情報は村木元局長の言葉を女性上司らしい言い回しにするなど実に巧妙である。

完全に大阪地検特捜部サイドの情報を鵜呑みにした「寸評」である。これらの記事がどれだけ読者に悪影響を与えているのか、執筆者は理解しているのだろうか。これまでの検察や司法当局はいつも正義というステレオタイプが、多くの冤罪を生み出す前提となった世論を作ってきた。

「『答えられない』は『かかわりを否定できない』ように」思ってしまう記者の思い込みが、思い込み取材につながり、思い込み記事になってきた。それらの記事が他紙の記者の思い込み取材につながり、思い込み記事へと集団過熱報道になってきたのである。

●リーク情報を垂れ流す体質

さらに「今も容疑を否認しているようだが、当時の上司と部下、障害者団体側の話とは違う」という内容にいたっては、「当時の上司と部下、障害者団体側の話」、つまり大阪地検特捜部のリーク情報が正しくて、「今も容疑を否認している」村木元局長が、正直に言っていないことを臭わすような表現としか受け取れない。こうした記者の感覚・視点が検察庁のリーク情報を垂れ流す体質につながってきたのである。

まさに最高裁が再審に関わって示した「白鳥決定」の「疑わしいときは被告人の利益に」ではなく、「疑わしきは黒に近い灰色に描く」といったことがメディアの常識になってきた。

差別事件でもそうだが、差別者の本音が垣間見えるのは、雑談や気がゆるんだときである。「よみうり寸評」はそれと同じように本来の報道から少し外れたコーヒーブレイク的な記事である。そのときに記者や編集者の本音が出やすい。

また「寸評」は一種の「社説」であり、新聞社や編集者の主観や考え方が端的に表現されるコーナーである。社説のように「公式」に出される記事よりも新聞社や編集者の考え方が本音を交えて雑談のように出される記事であり、新聞社の体質を知る上で重要な記事である。

繰り返しになるが、「よみうり寸評」は、いかなる視点で見ても大阪地検特捜部と村木元局長の主張をバランスよく取り扱っているとは考えられない。しかし後に紹介する検証記事には「よみうり寸評」はまったく触れられていない。

●検証に値しない記事

一方、無罪判決が出る可能性が高いということになってきたとき、打って変わって村木元局長擁護の記事になっていく。そして以下に紹介する二〇一〇年九月一一日付読売新聞朝刊の「郵便不正元局長無罪　本紙報道を検証」「検察寄り　否めず」「供述転換いち早く報道」の見出しと中見出しの甘い検証記事につながっていた。

一言でいって検証に値しない記事である。客観的な立場から検証できる第三者委員会を設置して検証すべきであったといえる。

メディア企業は他業種以上に厳しく検証することが求められている。それは「表現の自由」「出版の自由」という極めて高い憲法上の「自由」が保証されており、他業種の「営業の自由」より民主主義の根幹をなす自由として高次の自由が与えられているからである。それだけ高い自由が保障されているということは、高い社会的責任が存在しているということでもある。自由と責任は一体であり、権利と義務も一体である。それは多くのメディア企業が自覚しているとおりである。だからこそ厳正な検証が必要なのである。

●第三者委員会の必要性

もし他の業界で同じレベルのことが発生すれば読売新聞は、間違いなくもっと厳しく報道するであろうし、客観的な立場から検証できる第三者委員会の必要性を報じるだろう。

検証記事では「(前略)供述は、事件の背景や構図を知る上で重要だ。公判で高い証拠価値が認められている検事の調書は、報道する側も信用に足るものと重視してきた。

ただ、供述報道には慎重さが求められる。供述が真実かどうか、取材で確認することが困難な場合があるとは言え、可能な限り裏付け取材を進めるべきことは言うまでもない。

読売新聞の『事件・事故　取材報道指針』でも、不適切な見込み捜査、自白の強要がなかったかを検証するには、捜査当局だけでなく、多方面を取材する姿勢が重要としている。特捜部のずさんな捜査を象徴する事件も、二〇〇七年に起きていた。(中略)この教訓があっただけに、報道には、さらなる慎重さが求められていた。捜査段階の供述調書が『検事の作文』と指摘され、証拠採用されない異常な事態までは予測できなかったが、検察の構図に寄りかかり過ぎていないか。自らに問わなければならない。(後略)」となっている。

●自画自賛には驚く

「自らに問わなければならない」と記しているが、何を「自らに問わなければならない」のかについては、「検察の構図に寄りかかり過ぎていないか」しか述べられていない。それを明確に掘り下げるのが検証記事のはずである。また報道は供述調書が公判等で明らかになっていないリーク情報の段階であった。第一印象、初期報道が読者に大きな影響力を持つことをメディア報道は忘れていたのだろうか。

さらに検証記事は「供述転換いち早く報道」との見出しを付けて報道している。そうした報道は当たり前のことであり、それが通常の報道機関の役割である。それを検証記事で言い訳のように取り上げる必要はまったくない。検証記事で取り上げる無神経さと自画自賛には驚くばかりである。

一般の企業不祥事でこのような検証をすれば、報道機関は再びバッシングを行うだろう。自画自賛するために検証するのではない。報道記事のどこにどのような問題点があり、なぜ発生したのかを明らかにし、再発防止策を明らかにするために検証を行うのである。これは基本中の基本である。日本の代表的メディア企業の検証記事としては、あまりに不十分であった。

●「官房機密費」が政治部記者に？

反省しないメディアと、ほとんどの場合の最終司法権力を持つ検察庁の真摯な総括と自浄作用がなければ、この国の未来は決して明るくならない。あるメディア関係者が「メディアと検察権力はいまだタブーなんです」と言ったことがあったが、そのとおりだ。しかしこの事件に代表されるように、それが崩壊しつつあることも事実である。

いわゆる「官房機密費」が大手メディアの政治部記者やメディアでお馴染みの評論家に流れていた問題が週刊誌等で報じられてきたが、否定も肯定もせず、何のコメントも出さない体質と重なっているのではないだろうかと考え込んでしまった。

「賄賂」にも似たお金を政治部記者が受け取っていたと報道されて、そうした記事を無視することは先進国のメディアではあり得ない。黙認したということになってしまう。野中広務元官房長官をはじめ複数の政治家が公に証言している。大手メディアは事実か否かの明確なコメントを出すべきである。そうでないと多くの企業不祥事を追及できない。

●「納豆問題」には大騒ぎできても

関西テレビのいわゆる「納豆問題」には大騒ぎできても、大手メディアの記者が「官房機密費」を受け取ったと疑われる問題は、なぜ大騒ぎせず「封印」してしまったのだろうか。こちらのほうが報道の自由に関わってはるかに重要な問題である。

テレビメディアを扱うBPOも報道・放送した問題だけを扱うのではなく、重大問題で報道しなかった問題を、なぜ報道しないのかといったことも「検証委員会」で取り上げるべきであった。

自らに都合の悪い事柄を封印していては、民主主義の根幹である真の情報公開を主張することもできない。これも政治家や官僚の汚職事件を上回るほどの重大問題であり、民主主義の根幹に関わる問題である。甘い検証記事を掲載する体質と同根だといえる。

郵便不正事件が大阪地検前特捜部長の逮捕にまで至ったことによって、メディアの事件報道も変化すると考えられたが、根本的な検証には至らなかった。

第四章 朝日放送の問題スクープ報道とBPO

1 朝日放送の大阪交通労組に関わる問題放送

●二〇一二年二月六日の産経新聞夕刊報道

まず一連の事実について紹介しておきたい。二〇一二年二月六日の産経新聞夕刊（大阪）で「『非協力なら不利益』・リストに局長級幹部も―交通局労組」との見出しで、リード部分で「大阪市職員の労働組合が、昨秋の市長選で現職支援に積極的に動いていたことを裏付ける生々しい実態が六日、明らかになった。橋下徹市長率いる大阪維新の会が入手した、平松邦夫前市長支援のための「知人・友人紹介カード」と、管理用のチェックリスト。市交通局職員でつくる大阪交通労働組合（大交）が配布・回収を指示し、非協力的な職員には人事上の脅しともとれる『不利益』があることを示唆していた」と断定的に報道し、紙面には「紹介カード」と「チェックリスト」の写真も添えられていた。

本文では「『大阪市労連（市労働組合連合会、大交の上部組織）では、組合員が一丸となって知人・友人紹介活動に取り組み、平松市長を積極的に支援していくことが決定しています』『紹介カードを提出しない等の非協力的な組合員がいた場合は、今後不利益になることを本人に伝え、それでも協力しない場合は各組合の執行委員まで連絡ください』

維新が入手したチェックリストには、交通局職員約一八〇〇人分の氏名などが記載され、協力しない職員への『脅し』ともとれる文言が記されていた。（中略）現職職員から情報提供を受けた維新市議によると、リストは職場で管理され、選挙後に上司から廃棄命令が出たという。（後略）」と報道されていた。

●一転してリスト捏造問題に

これらの報道が、同年三月二六日の交通局の発表によって、一転してリスト捏造問題になった。ちなみに大交はリスト作成を一貫して否定していた。

問題の捏造リストは、大阪維新の会の杉村幸太郎大阪市議が同年二月、「組合の圧力を示す内部告発」として公表し、二月一〇日には市議会の市政改革特別委員会でもセンセーショナルに取り上げた。杉村市議は質問の中で、このリストの信憑性は高く、実際には捏造した告発者のことを、質問時にはそのようなリストを作成できる立場にないことも明言していた。杉村市議は市議会委員会の質問でも「内部告発者」の保護を執拗に要求していたが、内部告発者がリスト捏造者であったことが明らかになった今、氏名等を明らかにし、政治家の責務として、事件の真相を詳細に明らかにする責任があった。しかし真相の詳細はいまだに明らかにされていない。

●朝日放送のスクープ報道

これらの報道のトップを切ったのが朝日放送のスクープ報道だったのである。二月六日昼のABCニュースでは冒頭、「朝日放送のスクープです」とのスタートで「大阪市交通局の労働組合が去年の大阪市長選挙で、現職市長の支援に協力しなければ、不利益があると職員を脅すように指示していた疑いが、独自の取材で明らかになりました。大阪市の交通局の労働組合は去年一一月の市長選で勤務時間中に現職の平松氏支援のための知人紹介カードを集めていたことが発覚し、橋本市長に謝罪しています。さらに今回、朝日放送が独自に入手した紹介カードの回収リストには、非協力的な組合員がいた場合、今後不利益になることを本人に伝えるとの指示が書き込まれていました」とアナウンサーが述べた後、顔を映らないようにした内部告発者へのインタビューがボイスチェンジのもとに「正直、恐怖を覚えますね。やくざといってもいいくらいの団体だと思っています」と語っている映像が報道されている。

続いてアナウンサーが「内部告発を受けた維新の会の市議が、けさ、事実確認のため、交通局に出向きました」と述べた後、維新の会の杉村市議が「はっきりとした、これは恫喝ですよね」と交通局総務課長に質問し、総務課長は「おそらくざっと見る限りにおいて、在籍している職員、氏名コード、職員コードについても、ほぼ間違いないと」と応えている。最後にアナウンサーが「リストには交通局職員の三割にあたる、一八六七人がならび、政治活動が制限されている管理職もいます。総務部しか知らないはずの非組合員のコード番号も記され、組織ぐるみの疑いが強まっています」と締めくくっている。これらの報道が一〇〇%断定していないとの言い訳で許されるものではない。視聴者に与えた悪影響は極めて大きなものであった。

●BPOの勧告が教訓化されていない

まさに日本テレビ放送網で二〇〇八年一一月二三日（日）夕方に報道され、社長の辞任にまで発展した「真相報道バンキシャ！」の「独占証言……裏金は今もある」と同じ構図である。

この事件では、先に述べたように岐阜県の裏金を告発するという建設会社役員だという情報提供者が「真相報道バンキシャ！」で虚偽証言をしたことが岐阜県庁等の調査で明らかになり、日本テレビがそれを認め謝罪し検証番組を制作するまでになった。

また先に紹介したようにこの問題を重く受けとめた放送倫理・番組向上機構（ＢＰＯ）の放送倫理検証委員会が「日本テレビ『真相報道バンキシャ！』裏金虚偽証言放送に関する勧告」を二〇〇九年七月三〇日に発表している。

その中で「報道の役割は、この社会で起きていることを広く知らせることである。その仕方には、事実を簡潔に描いたり、事象の核心に焦点を当て、批判的に伝えるなど、さまざまな手法がある。なかでも、重要な事実を他のメディアに先駆けて報道するスクープや、隠蔽された事実を入念に取材し、その全体像を伝えようとする調査報道は、マスメディア報道における華といってよい。

報道、とりわけ膨大な視聴者に事実や事象を一瞬のうちに伝えるテレビ報道は大きな影響力を持っている。それだけに報道には正確さが求められる。それは報道される事象や関係者に対するフェアネスのためばかりではなく、報道の仕方によっては、この社会と世界の未来を左右することにもなるからである。一時の狂言に踊ったり、安直な正義感に酔った報道がその後の時代と世の中をゆがめてしまった事例は少なくない」、「とりわけ告発情報に基づくスクープや調査報道は、慎重な裏付け取材が要求されるのであり、こうした蓄積と整備の上で、周到に準備され、満を持すようにして発信されるものであろう」と述べている。これらの指摘が二月六日のABCニュースでどのように教訓化されているのだろうか。外部から見る限り、まったく教訓化されていないと断じざるを得ない。各テレビ局がBPOの放送倫理検証委員会の勧告を真摯に受けとめなければ同じ過ちを繰り返すことにつながり、BPOは視聴者のその時々の不満を解消するガス抜きの役割を担わされることになり、視聴者から見れば無用の長物になってしまう。

●朝日放送の責任は極めて大きい

選挙リストを捏造していた大阪市嘱託職員（当時）が維新塾に応募していたことも明らかになったが、維新の会市議団は、労働組合には謝罪しないことを決定した。まったく理解できない対応である。こうした政治的態度が横行すれば、捏造に基づく不当な攻撃によって関係組織の社会的信頼を貶《おとし》めても誰も責任を取らなくなる。

この攻守が逆であれば維新の会は非難コメントとともに大交への攻撃材料として最大限活用しただろう。維新の会市議団は、大交の作成ではなく捏造かもしれないと感じたのか、形勢が悪くなると「市職員が内部の人事データを漏らした」と矛先を変え、被疑者不詳のまま三月一四日、地方公務員法（守秘義務）違反の疑いで大阪地検に告発状を提出したのである。その被疑者が捏造した人物であり、協力者、情報提供者であったことが明らかになった時点で、維新の会市議団は真摯な反省の下、検証プロジェクトを組織し、被害を与えた労働組合に謝罪すべきであった。しかしこれらの問題は政治家だけの問題ではない。先に紹介したメディアにとっても大きな問題である。

ＢＰＯ検証委員会は先の勧告で「不祥事はないに越したことはないが、もし誤ったとき、自らその原因を広く、深く探り、そこから教訓を引き出し、以後の放送活動に具体的に活かすことこそが、その放送局の経営と番組制作の力を修復するだけでなく、視聴者からの信頼を回復することにもつながると信じるからである」とも述べている。

捏造リストを元に「スクープ」だと報じて、民主主義の根幹である選挙に関わる報道で、捏造者と推測される人物のインタビューを放送している朝日放送の責任は極めて重い。これらの勧告を重く受けとめ、日テレのバンキシャ報道の虚偽放送と同様に訂正放送を行い、放送するに至った経過、報道内容の問題点、虚偽放送が行われた背景、今後の課題、責任の所在等を明確にする検証番組を制作し放送するとともに、労働組合への真摯な謝罪が必要であった。そうした行為がメディアと政治の劣化を防止することにつながる。

またBPOも「真相報道バンキシャ!」のときと同じように放送倫理検証委員会規則第五条の「虚偽の疑いがある番組が放送されたことにより、視聴者に著しく誤解を与えた疑いがある」との条項に該当することをふまえ審議入りすべきだったと考えられるが、放送倫理検証委員会は審議入りしなかった。

2 BPO放送人権委員会の「勧告」内容

●放送倫理上の重大な問題と指摘

こうした一連の事実と報道をふまえ、大交は朝日放送に抗議文を送り、謝罪と訂正放送等を求め面談したが、朝日放送はこれらの要請にまったく応じない回答を行った。

以上の経緯を経て大交はBPO人権委員会に申立を行い、この申立に対して、人権委員会は正式に審議入りを決定し、約一年の審理期間を経て、二〇一三年一〇月一日に「放送倫理上の重大な問題がある」との「勧告」を公表したのである。結果は朝日放送の完全敗北で終わった。

人権委員会はその「勧告」で「本件放送には、放送倫理上の重大な問題がある。本件放送は、『スクープ』として疑惑を真実であるかのように断定的に報じ、さらに『やくざ』という強い表現で論評を行ったものである」、そして「それは申立人への取材もないままに行われた。本件放送は、『報道は、事実を客観的かつ正確に、公平に伝え、真実に迫るために最善の努力を傾けなければならない』とうたう放送倫理基本綱領（NHK・民放連）に違背し、正確・公正な報道を求める『日本民間放送連盟 報道指針』の『2 報道姿勢』に反するものである。

委員会は、朝日放送に対し、本決定の趣旨を放送するとともに、スクープ報道における取材や表現のあり方、主要な事実が真実と反すると判明した場合の対応について社内で検討し、再発防止に努めるよう勧告する」として明確に「放送倫理上の重大な問題」として結論づけた。

●「名誉毀損」にも該当すると認定

また人権委員会は「放送倫理上の重大な問題」としてだけでなく、「名誉毀損」にも該当することを認めている。詳細は後述するが、人権委員会は申立人（大交）の主張と被申立人（朝日放送）の答弁から五つの論点を取り上げ、それらをすべて検討した上で「名誉毀損」に該当すると認定したのである。

五つの論点とは、①本件放送は何について報じたか、②本件放送は申立人の社会的評価を低下させたか、③本件放送に公共性、公益性、真実性・真実相当性を認めることができるか、④申立人の社会的評価の低下等は、その後の報道等によって回復したか、⑤本件放送に放送倫理上の問題点はなかったか、といった点を示した上でそのすべての論点に関し申立人である大交の主張を認めた。

以上の点を検討した上で、「放送倫理上の重大な問題」とした理由については、「本件放送は名誉毀損には該当するものの、それによってもたらされた申立人の社会的評価の低下は、一定程度、回復されているとみることもできる。その一方で、本件放送には見逃すことのできない複数の放送倫理上の問題が認められる。そこで、本決定では、名誉毀損を指摘するよりも、次項で述べるように放送倫理上の問題を取り上げることの方が、今後の放送倫理の向上のために有益であると判断した」と述べ、その後「本決定の趣旨が放送されれば、名誉毀損の救済にも資すると判断する」と明記している。まさに大交の主張が一〇〇％認められた「勧告」といえる。

●極めて不誠実な対応に終始

以下、「勧告」の具体的内容について紹介し考察していきたい。

まず「勧告」は、大交の申立を審理する必要性について明確に述べている。「勧告」では「当委員会運営規則第五条一項六号は、苦情の取り扱い基準として、『苦情を申し立てることができる者は、その放送により権利の侵害を受けた個人またはその直接の利害関係人を原則とする。ただし、団体の中立については、委員会において、団体の規模、組織、社会的性格等に鑑み、救済の必要性が高いなど相当と認めるときは、取り扱うことができる』と定めている」と述べた上で、「本件放送は、本組合による重大な不正行為の告発の趣旨を含み、本組合及び組合員個人らの信用や名誉・名誉感情等の権利利益に対して深刻な影響を及ぼすおそれがある内容を含むものであった」と明記し、審理対象にしたのである。つまり「救済の必要性が高い」と認めたからこそ審理対象にしたのである。

しかし当該放送後の朝日放送の対応は、大交に対して極めて不誠実なものであった。組織は問題を起こしたことだけでなく、その問題にどのように対処したかが問われるといわれる。

一般的に企業が不祥事を起こしたときの最重要課題は、初期対応と最優先課題を明確にした的確な判断である。多くの市民が企業を観ているのは、犯した不祥事だけではない。その不祥事にどのように対処したかを観ているのである。なぜなら多くの市民は問題を起こしたことよりも、その問題にどう対処したかにその企業の本質や理念がより一層現れると考えているからである。それはメディア企業も同様である。

●BPOを無用の長物にしかねない対応

最も重大な問題は、朝日放送側に当該放送が重大な問題であるといった認識すらなかったことである。問題であるか否かの判断基準が明確に間違っているにもかかわらず、それにまったく気づかない放送倫理観と人権感覚である。差別事件の加害者でも、自身の行った行為が明確に差別であるにもかかわらず、それが差別であると認識できない人々がいる。そうした人々は同じような差別を何度も繰り返しエスカレートしていく。朝日放送は大交やその構成員に重大な被害を与え、視聴者に結果的に「虚偽」報道をした重大な責任を自覚すべきであった。

人も組織も過ちを犯すものである。できる限り過ちを犯さないようにすることは重要なことであるが、より重要なことは過ちや不祥事を真摯に反省し、再発防止策に取り組むことである。しかし自身の行った行為が、差別や名誉毀損に当たるという自覚がなければ、その後の取り組みにはつながらない。朝日放送の一貫した姿勢は、当該放送を名誉毀損とも重大な問題があるとも認識していないものであった。こうした判断基準や体質が存在する限り、同様の放送は繰り返されるといえる。

もし不祥事を起こした企業が、自身の起こした問題を不祥事だと認識できなければ、同じ過ちを繰り返すということは自明だ。

朝日放送の当該放送後の認識に大きな問題があったことは上記に述べたとおりであるが、「勧告」が出された後のコメントを観て、問題の本質や重要性が理解されていないのではないかと考えざるを得なかった。このような態度を取るテレビ局が増加すればＢＰＯシステムは無用の長物となり崩壊するだろう。

●コメントは言い訳と問題の軽視

メディア企業にとって、名誉毀損は最も重大な不祥事の一つである。もし重大な不祥事を起こした企業や組織が下記のようなコメントを出して朝日放送は是とするのだろうか。

「朝日放送広報部」のコメントは、「市議会議員への内部告発は、選挙の公正に関わる内容で、市当局も調査に乗り出すことになりました。民主主義の根幹に関わる問題であり、これを速報することはメディアの責務と考えます。その後、内部告発が捏造と判明するまでの過程も丁寧に報道しました。ただ、表現方法に行き過ぎた面があったことなどについては、決定内容を真摯に受け止め、今後の報道にいかしてまいります」というものであった。もし重大な不祥事を起こした民間企業が上記のようなコメントを出して被害を与えた当事者に謝罪もしないことを朝日放送は是とするのだろうか。

「勧告」は、「表現方法に行き過ぎた面があったこと」を中心に批判しているのではない。「名誉毀損」でもあり「放送倫理上の重大な問題」としているのである。このコメントはどのように読んでも言い訳と問題を軽視しようという意図が明確であると指摘せざるを得ない。本来なら「表現方法に行き過ぎた面があった」というところを「名誉毀損」であり「放送倫理上の重大な問題があった」と報道し、その中で「大交に真摯に謝罪」すべきであった。「謝罪」の言葉はどこにもなかった。一般民間企業でこのようなコメントを出せばメディアから袋だたきにあっただろう。当時、こうしたコメントしか出せない朝日放送の体質に重大な危惧を抱いた。

テレビ報道は何十万、何百万、時には何千万という人々が視聴している。メディア企業はそれだけ大きな影響力を持つ企業であり、一層の人権感覚が求められる。人権委員会が名誉毀損を認めたのは、明確に権利侵害があり不法行為と認定したからである。それを「表現方法に行き過ぎた面があった」とするような認識だけでは、「決定内容を真摯に受け止め」ているとは到底考えられない。人権委員会の真摯な「勧告」も浮かばれない。人権委員会はコメントの出し方も詳細に「勧告」し、指導する必要があったといえる。コメントの問題点については後に詳述する。

3 五つの論点の紹介と「勧告」への見解

●BPOは朝日放送の主張をすべて否定

以下に「表現方法に行き過ぎた面があった」ことを中心に「勧告」が出されたのではないことを紹介していきたい。

まず第一の論点である「①本件放送は何について報じたか」について、中立人である大交は「事実に反して、リードで『(中立人が)去年の大阪市長選挙で、現職市長の支援に協力しなければ、不利益があると職員を脅すように指示していた』と伝え、さらに『やくざといってもいいくらいの団体』、『(組合員)をどう喝』、『(中立人が関与した)組織ぐるみの』などと報道した」ことによって名誉権を侵害されたといった主張であった。

一方、朝日放送の主張を要約すると「市政調査権を持つ市議が『紹介カード』の回収を迫る『当該リスト』疑惑の内部告発を受けて調査、市交通局は徹底調査を言明した。労組が依然として過度の政治活動をしていたことが明らかになった状況の中で持ち上がったこうした『疑惑』を報道した」というもので、単なる「疑惑報道」といったものであった。

これら両者の主張に対して、「勧告」は「本件放送が、単なる『疑惑』および市議の活動についての報道であるとみることはできない」と述べ、「(捏造された)『回収リスト』の存在およびその作成に中立人が関与したことについて、本件放送は断定的に報じている。このことに加え、本件放送の冒頭で『朝日放送のスクープです』と強調され、本件報道の真実性が強く印象づけられることもあわせ考えると、一般的な視聴者からすれば、本件放送は、中立人が非協力的な組合員を威圧し、選挙への協力を強要し、これに対して内部告発者が『やくざと言ってもいいくらいの団体だと思っています』とコメントしたのだと受け止めるであろう」と明記している。

●視聴者の受け止め方がまったく理解されていない

こうした「勧告」内容からわかるように「本件放送は何について報じたか」について完全に中立人である大交の主張を人権委員会は認めている。

朝日放送の上記の主張は、報道内容の趣旨を言い換えているといえる。朝日放送が真に上記のように認識しているなら問題の根は深い。なぜなら視聴者の感覚と朝日放送の感覚に埋めようもないギャップが存在し、そのように考えている人々が報道番組を制作していることに大きな問題があるといえる。

こうした危惧は「勧告」に記されている「ヒアリングにおいては、より明確に、『あくまでこれは維新の会の市議の動きを伝えたということになる』、『疑惑があって、その疑惑に対して調査が始まったという報道』であると述べている」という部分を読んで、より鮮明になった。当該放送に対する視聴者の受け止め方がまったく理解されていないのである。

『ナチズム』という著書を著したエルンスト・ブロッホが「政治とメディアが連携すれば、どんな文化の国もたちまち暴力の国だ」という言葉を残している。自身の作った報道番組が視聴者にどのように受け止められるかを正しく認識できなければ、一定の政治的意図をもった政治集団に悪用されることも自覚できなくなってしまう。朝日放送はメディアが劣化するとき社会も劣化することになることを十分に自覚すべきである。

●大交の主張の正当性を明確に述べている

次に論点②中立人の社会的評価を低下させたかという問題について解説していきたい。

本論点に対する中立人である大交の主張は、「中立人が当該リストに深く関与していた疑いを不当に強調するもので、社会的信用や名誉を大きく傷つけた」、「ほとんどの視聴者の認識は『やくざ』イコール『暴力団』であり、団体を誹謗中傷する最も悪質なことばである」、「中立人（個人）が悪辣で反社会的な存在である印象を植え付けた」といった内容だった。それに対し被中立人である朝日放送の主張は、「ニュースは大交という『団体』について報じたもので、『個人が被害を受けた』とする中立そのものが不適切。多数の誹謗中傷は『組合』に対するもので、『個人』に向けられたものではない」といった内容だった。

これら両者の主張に対して人権委員会は、先に述べた論点①について、「勧告」は「本件放送が、単なる『疑惑』および市議の活動についての報道であるとみることはできない」と断じ、その理由として「去年一一月の市長選で勤務時間中に現職の平松氏支援のための《知人紹介カード》を集めていたことが発覚し、橋本市長に謝罪していたという事実を述べたうえで、『さらに今回、朝日放送が独自に入手した紹介カードの回収リストには、《非協力的な組合員がいた場合、今後不利益になることを本人に伝える》との指示が書き込まれていました』と報じている。すなわち、そのような内容の『回収リスト』の存在およびその作成に申立人が関与したことについて、本件放送は断定的に報じている。このことに加え、本件放送の冒頭で『朝日放送のスクープです』と強調され、本件報道の真実性が強く印象づけられることもあわせ考えると、一般的な視聴者からすれば、本件放送は、申立人が非協力的な組合員を威圧し、選挙への協力を強要し、これに対して内部告発者が『やくざといってもいいくらいの団体だと思っています』とコメントしたのだと受け止められる」と大交の主張の正当性を明確に述べている。

そして「勧告」は論点②について、「本件放送の内容を上述のように理解すると、本件放送が申立人の社会的信用ないし評価を低下させるものであったことは明らかである」と断じている。

●「冤罪被害者」と同様の立場

さらに「勧告」は「一般に労働組合には本来の目的である労働条件の維持改善その他経済的地位の向上を図ることのほかに、一定の範囲で政治的活動を行うことが認められている。また、申立人は、現業職員により組織される組合であり、地方公務員法三六条の規制（政治的行為の制限）の適用を受けるものでもない。しかし本件のように『非協力的な組合員がいた場合は、今後、不利益になることを本人に伝える』との指示の下、特定候補の支援を強要することは、労働組合に許される政治的活動の範囲を大きく逸脱するものであることは明らかであり、本件報道によって、中立人の社会的信用ないし評価が低下したことは、想像に難くない」と述べ、上記「勧告」の結論を補強している。

また「勧告」は、「本件放送は、内部告発者の発言として『やくざといってもいいくらいの団体』という論評を行うものである。この発言は、論評の前提である事実の真実性・真実相当性が認められない場合には、違法な権利侵害との評価をまぬがれない。また、この発言は、その組合員に対する否定的評価を当然に内包しており、社会通念上許される限度を超えた侮辱行為として、組合員の名誉感情を侵害しているおそれもある」と断じている。極めて正当な見解である。大交が「やくざといってもいいくらいの団体」ならその組合員は「暴力団といってもいいくらいの組織」の「構成員」になってしまう。ましてこの論評を行った人物が「リスト捏造当事者」であることをふまえるなら、真実性・真実相当性が認められないのは明白である。

大交にとっては、まったく関与していない問題行為の主犯にされ、犯罪者のように報道されたうえで、「やくざといってもいいくらいの団体」と誹謗中傷されたのである。まさに大交やその組合員は「冤罪被害者」と同様の立場であり、その加害者が朝日放送や維新の会の市議、

「捏造当事者」なのである。その自覚が朝日放送のコメントを見る限り極めて不十分である。

●「名誉毀損」に該当することを明確に認定

以上の論点②と密接に関連しているのが、先にも触れたように論点③の本件放送に公共性、公益性、真実性・真実相当性を認めることができるかという問題である。

刑法二三〇条の二（公共の利害に関する場合の特例）①では「前条第一項（名誉毀損）の行為が公共の利害に関する事実に係り、かつ、その目的が専ら公益を図ることにあったと認める場合には、事実の真否を判断し、真実であることの証明があったときは、これを罰しない」という重要な条文が置かれている。また同条③でも「前条第一項（名誉毀損）の行為が公務員又は公選による公務員の候補者に関する事実に係る場合には、事実の真否を判断し、真実であることの証明があったときは、これを罰しない」と明記されている。

「勧告」は以上の条文等をふまえた結論として「本件放送は、『公共の利害に関する事実に係るもの』であり、『専ら公益を図る目的』であったということができるが、その主要な部分において真実ではなく、また、放送の時点で真実であると信じたことについての相当の理由があったと認めることもできない」と断定しており、朝日放送の問題点を厳しく断罪している。

「名誉毀損」に該当することを明確に認定したのである。

認定した理由を「勧告」は、「本件放送は、大阪市長選挙に対する申立人の関与について報じたものであり、公共性を認めることができる」と述べ、「本件放送は『スクープ』であることが強調され、放送自体も申立人を非難する論調であったほか、内部告発者の『やくざ』発言の部分をあえて放送するなど、表現方法において問題がある」と指摘した上で、「しかし、それらは、本件放送が『専ら公益を図る目的』ではなかったとするものではない」と公共性・公益性を認めながら、「しかしながら、本件放送は真実ではなく、また真実と信ずるについての相当の理由があったと認めることもできない」と断定している。そして「真実でないことが事後的に明らかになった報道であっても、報道の時点においてその内容が真実であると信ずるについて相当の理由があるときには、不法行為は成立しないものと解されている（真実相当性）」と述べた上で、「問題の『回収リスト』について、真実相当性があったとはいえない」と明確に述べ、不法行為が成立していることを明確に認定したのである。

●名誉毀損や重大な問題があったにもかかわらず

通常の裁判なら朝日放送は民法の規定を持ち出すまでもなく損害賠償に代えて、または損害賠償とともに、名誉を回復する適当な処置をとらなければならないのである。しかし朝日放送のコメントでは十分な名誉回復にはならない。

おそらく朝日放送は上記の「表現方法において問題がある」という部分をコメントで「ただ、表現方法に行き過ぎた面があったことなど」と表現し、問題が重大でないと印象づけるのに利用したのではないかと疑わざるを得ない。しかし「勧告」の趣旨は、名誉毀損であり放送倫理上重大な問題がある不法行為としたのであり、単に「表現方法に行き過ぎた面があったこと」だけを問題視したのではない。しかし朝日放送は、当該の問題放送を行った言い訳を長々と述べながらも名誉毀損や放送倫理上重大な問題があったことをコメントでまったく取り上げていない。

民法七〇九条（不法行為による損害賠償）では「故意又は過失によって他人の権利又は法律上保護される利益を侵害した者は、これによって生じた損害を賠償する責任を負う」と記されており、一般的要件として、①故意又は過失、②権利侵害又は違法性、③損害、④因果関係の四つが存在する。人権委員会は当該放送がこれらの要件を満たしていることを認めたのである。また民法七二三条（名誉毀損における原状回復）では「他人の名誉を毀損した者に対しては、裁判所は、被害者の請求により、損害賠償に代えて、又は損害賠償とともに、名誉を回復するのに適当な処分を命ずることができる」と明記されている。

本来、朝日放送は名誉毀損が認定されたことをふまえれば、名誉を回復する適当な行為を行わなければならないのである。しかし朝日放送のコメントを拝見する限り、そのような自覚はほとんどない。今なお自らの主張が正しかったと言いたげなコメントである。

●朝日放送の的外れな主張

人権委員会は「勧告」で、朝日放送が示した真実相当性の主張を検証し、「これらはいずれも、委員会に提出された資料等においては、中立人に対する取材を行わずに本件回収リストが真実であると信じた理由としては薄弱である」と述べ一蹴している。

そして「以上からすれば、本件放送については名誉毀損が成立するということができる」と判示している。また朝日放送が他社も同様の放送をしていることを反論材料にした点についても「被中立人と同様に事前に本件回収リストに関する情報を入手しながらも、報道を控えたテレビ局もあるとされ、また、本件放送後になされた新聞各紙の報道の多くは、必ずしも本件回収リストが真正のものとの前提に立ったものではなかった。しかし、いずれにしても、委員会は、本件の判断に際して他社による報道について考慮する必要はない。本件放送が中立人の名誉を毀損したものであるか否かは、他社の報道とは無関係に、独立して判断されるべきものである」といった見解を示している。

朝日放送の主張は、他の放送局も似たような放送をしているにもかかわらず、なぜ朝日放送だけが問題視されなければならないのかといった内容である。極めて幼稚な主張である。「赤信号みんなで渡れば怖くない」といった言葉が流行ったが、それらと重なる主張である。大交はスクープとして報道した朝日放送を訴えているのであり、他のテレビ局を訴えているわけではない。日本を代表する大手メディアの主張とは考えられない内容である。「勧告」の見解が至当であることは言うまでもない。

また朝日放送が、大交への誹謗中傷電話が当該放送によるものかどうか断定できない旨の主張をしたことについては、「そもそも名誉毀損の成否は、誹謗中傷電話等の具体的被害の有無と切り離して判断されるべきものである。委員会は、これまでも、複数の社による類似の報道について、それぞれ別個に名誉毀損または放送倫理上の問題の有無を審理してきたことを付言しておく」と当該主張が的はずれであることを断言している。

●朝日放送のコメントでは名誉毀損の救済にならない

上記論点①②③に続いて、論点④申立人の社会的評価の低下等は、その後の報道等によって回復したかについて、「勧告」は回収リストが捏造であったことについて「他の報道機関による報道も行われていることをあわせ考えれば、回収リストがねつ造であることは一般視聴者において広く周知されている。したがって本件放送は名誉毀損には該当するものの、それによってもたらされた申立人の社会的評価の低下は、一定程度、回復されているとみることもできる。その一方で、本件放送には見逃すことのできない複数の放送倫理上の問題が認められる。そこで本決定では、名誉毀損を指摘するよりも、次項で述べるように放送倫理上の問題を取り上げることの方が、今後の放送倫理の向上のために有益であると判断した」と述べられている。

確かに「勧告」が指摘するように申立人である大交の「社会的評価の低下は、一定程度、回復されているとみることもできる」が、「放送倫理上の問題を取り上げることの方が、今後の放送倫理の向上のために有益である」とした点は、その前提として被申立人である朝日放送の「勧告」への真摯な受け止めがなければなされない。

「勧告」では上記に続いて「本決定の趣旨が放送されれば、名誉毀損の救済にも資すると判断する」と述べているが、この指摘も朝日放送の真摯なコメントがなされることが大前提である。朝日放送のコメントを含む対応では、「名誉毀損の救済」にはならないと考える。人権委員会はどのように考えているのだろうか。

●報道体制としては極めてお粗末

最後の論点⑤本件放送に放送倫理上の問題点はなかったかについては、すでに述べてきているように、「勧告」では「放送倫理上の重大な問題がある」と断じている。

特に第一に中立人に対する取材のあり方、第二に断定的報道、第三に内部告発者の「やくざ」という発言、第四に続報のあり方について述べている。

第一では「情報源が中立人に対立的な大阪維新の会の市議と内部告発者で、中立人の社会的評価を低下させる放送内容であれば、回収リストが本物かどうかを含め中立人を取材してその言い分を放送することは、取材の基本であろう」と「勧告」は指摘し、取材の基本ができていないことを明確に指摘している。

第二では「『スクープです』に始まる末尾の『組織ぐるみの疑いが強まっています』とのコメントに至るまで、本件放送では、『回収リスト』が本物であることが当然の前提となっている」と指摘し、断定的報道の問題点を強く指摘している。

第三では「やくざ」という発言について「勧告」は、「回収リストが本物と決め付けられない『疑惑』の段階では、引用を控えるべきだったのではないか。放送局の映像素材の編集の自由（裁量）を考えれば、なぜこの発言部分を放送したのか理解に苦しむ」と述べており、「回収リスト」を本物と認識していたことの傍証といえる。そうした認識がなければ、一定の経験がある報道責任者が放送したとは考えにくい。「回収リスト」を本物と認識しないまま「やくざ」表現が使用されたとすれば、大手メディア企業の報道体制としては極めてお粗末である。

●「勧告」の「趣旨を矮小化した報道」

第四の続報のあり方について、「勧告」では「民放連の報道指針の『5　透明性・公開性』の（2）は、『誤報や訂正すべき情報は、すみやかに取り消しまたは訂正する』と定める。その趣旨をふまえれば、続報で本件放送の日時やリード部分等を明示したうえで、申立人の関与がなかった事実を伝えるべきであった」と述べ、続報のあり方の問題点についても端的に指摘している。しかしこの続報のあり方の問題点は、「勧告」が出された後の放送やコメントにも顕著に現れている。一言でいえば朝日放送は根本的な反省をしていないと言わざるを得ない。

こうした姿勢が再発の温床を形成するといえる。この指摘が当たっているとすれば間違いなく同様の問題放送が再発する。

「勧告」は「結論」部分で「本件放送には放送倫理基本綱領（NHK／民放連）および『日本民間放送連盟 報道指針』に反する放送倫理上重大な問題があると判断した」と述べた後、最後に「委員会は、被申立人に対し、本決定の趣旨を放送するとともに、スクープ報道における取材や表現のあり方、主要な事実が真実に反すると判明した場合の対応について社内で検討し、再発防止に努めるよう勧告する」と締めくくっている。

しかし「勧告」が出された後の朝日放送の放送内容で「本決定の趣旨を放送」したとはいえない。「勧告」の「趣旨を矮小化した報道」にしか多くの視聴者には見えない。これらの是正は人権委員会の朝日放送への厳正な指摘が必要であった。

また、こうした朝日放送の姿勢で、スクープ報道における「取材や表現のあり方」、「主要な事実が真実に反すると判明した場合の対応」について社内で真摯に十分に検討し、「再発防止」策を策定することが社内だけでできるのだろうかと大きな危惧を抱く。

一般の民間企業なら重大な不祥事を起こした場合、第三者委員会を設置して検討するだろう。人権委員会も朝日放送が真摯に「社内で検討」していないと判断すれば、第三者委員会の設置を要請すべきだと考える。そうでないとBPOの存在意義が問われることになる。

4 「勧告」後の放送局側のコメントとその問題点

●表現方法に行き過ぎた面があっただけか

次に朝日放送が「勧告」後に出したコメントとその問題点について考察していきたい。

先にも述べたが、どのように読んでも人権委員会の「決定内容を真摯に受け止め」ているコメントとは理解できない。「勧告」は、「表現方法に行き過ぎた面があったこと」を中心に批判しているだけではない。上記に述べた五点にわたる論点を示した上で「放送倫理上の重大な問題」と指摘し、名誉毀損、不法行為としているのである。どのように読んでも問題を軽視しようという意図が見え隠れする。すでに述べたが、本来なら「表現方法に行き過ぎた面があった」というところを「放送倫理上の重大な問題があった」とすべきであった。

もし他の民間企業が欠陥商品や欠陥サービスを消費者に提供し、重大な問題が発生して当該企業が当事者に謝罪することなく、上記のようなコメントを出せば多くの消費者は、当該企業が真摯に反省していると受け取るだろうか。上から目線の特権意識がなければこのようなコメントは出せない。

報道の場合は表現の自由や名誉毀損に関わる重大な問題を含むがゆえにより厳しい反省と態度が求められる。今回の問題は朝日放送も指摘しているように選挙報道に関わる問題であり、より一層重大な反省と直接的な被害を与えた大交に真摯な謝罪が必要であるといえる。しかし朝日放送のコメントは真逆であった。

●言い訳をする前に真摯に反省を

一般企業が欠陥食品を提供し、購入者の健康に悪影響を与え、多くの市民に不安を抱かせるような事態になったとき、もし当該企業が「当該商品を提供することは消費生活の根幹に関わる問題であり、これを迅速に提供することは食品企業の責務と考えます。その後、当該商品に重大欠陥が判明してからもその欠陥が生じた過程を丁寧に説明してまいりました。ただ、健康に重大な問題が発生するなどの面があったことは真摯に受け止め再発防止にいかしてまいります」といったコメントを出せば、多くの被害者や市民は納得するだろうか。おそらく「言い訳をする前に真摯に反省しろ、謝罪しろ」といった非難の嵐になるだろう。それ以上にメディアはそうしたコメントを出した当該企業を批判するだろう。

朝日放送は上記のような「言い訳コメント」を出すのではなく、起こした問題を真摯に反省し、「スクープ報道における取材や表現のあり方、主要な事実が真実と反すると判明した場合の対応について社内で検討し、再発防止に努めるよう勧告する」といった人権委員会の「勧告」を真摯に受け止め、第三者委員会を設置して、本報道の問題点を改めて朝日放送で検証すべきであった。その中で背景・原因や再発防止のための課題を整理し、具体的方針をまとめる必要があったといえる。それがこのような報道不祥事の防止につながる根本であるといえる。

●朝日放送の対応ではBPOシステムは瓦解する

次に朝日放送の問題コメントがどのような影響を及ぼすのかについて考えていきたい。

BPO人権委員会システムは、人権委員会が出した「勧告」内容を当該放送局が、正確に放送することによって成り立っている。その根幹が揺らぐとBPOシステムは瓦解する。

本「勧告」においても最後の「Ⅲ 結論」の部分で、「本件放送には放送倫理基本綱領（NHK／民放連）および『日本民間放送連盟 報道指針』に反する放送倫理上重大な問題があると判断した」と述べ、「委員会は、被申立人に対し、本決定の趣旨を放送するとともに、スクープ報道における取材や表現のあり方、主要な事実が真実に反すると判明した場合の対応について社内で検討し、再発防止に努めるよう勧告する」と明記している。

当該コメントのような不誠実で不十分な対応が横行するなら、第一にBPO人権委員会の存立意義が大きく揺らぐことになる。BPOは視聴者の不平不満をガス抜きする組織ではない。BPOが明記しているように放送における言論・表現の自由を確保しつつ、視聴者の基本的人権を擁護するため、放送への苦情や放送倫理の問題に対応する、非営利、非政府の機関である。そして視聴者などから問題があると指摘された番組・放送を検証して、放送界全体、あるいは特定の局に意見や見解を伝え、放送界の自律と放送の質の向上を促す機関である。

●権力の介入を容易に許すことになる

朝日放送の「勧告」をふまえた放送とコメントで、大交やその構成員、その他の「視聴者の基本的人権を擁護する」ことはできない。申立人である被害団体や被害者の人権が十分に救済されたとはいえない。

「勧告」では「4　本件放送には公共性、公益性、真実性・真実相当性が認められるか」の項目の「(3)被申立人のその後の報道等」のところで、「本決定の趣旨が放送されれば、名誉毀損の救済にも資すると判断する」と述べられている。それは「勧告の趣旨」が正確に放送されることが前提である。朝日放送のコメントが「本決定の趣旨」と合致しているとはいえない。

第二にテレビ局が「勧告」を軽視し不誠実な対応を行い、それを人権委員会が見過ごしてしまうなら、ＢＰＯの社会的信頼は大きく低下し、ＢＰＯ関連機関が公表する「見解」や「勧告」等の規範としての位置づけが低下することにつながる。

第三に以上のことは、ＢＰＯの目的の重要な一つである「放送における言論・表現の自由を確保」することへ悪影響を与えることになり、権力の介入を招くことになる。

二〇〇二年当時に法務省から出された人権擁護法案に関して担当局長・課長と長時間論議をしたことがあった。結局、その法案は成立しなかったが、その論点の一つがメディア規制を完全に撤廃するか否かであった。また二〇一三年一二月六日に成立した特定秘密保護法に代表されるように、権力機関は情報操作へ常に高い関心を持っている。「放送界の自律と放送の質の向上」のためには、自らの非に対して厳正な対応をしなければ、視聴者から見はなされ権力の介入を容易に許すことになる。

●人権委員会への申立には相当な労力が必要

第四に人権委員会に申立を行っても、事実上の人権救済がなされなければ多くの労力をかけて中立をする人が少なくなってしまう。今日のように多くの中立があるのはＢＰＯや人権委員会に一定の信頼をおいているからである。ＢＰＯや加盟しているメディア企業には理解できていないかもしれないが、人権委員会への中立には相当な労力を必要とする。

ここで取り上げた事案は大交という組織とそこに所属する個人であったが、個人だけの中立の場合、自身で中立書を作成し、対応するには多くの時間と労力が必要になる。弁護士を採用した場合は弁護士費用もかかる。被中立人であるメディア企業は組織であり、対応する社員は有給で組織のバックアップもあり、人的・経済的・情報的な力は圧倒的な違いである。今回も大交は朝日放送から出される関連情報の多さに圧倒された。

一方、個人はもちろん無給であり、仕事の合間に中立書等を作成し、交通費はＢＰＯから支給されるといっても、手弁当で勤め先を休んで東京に出向かなければならない。被中立人の代表として出てくるメディア企業の担当者は東京以外の場合、出張扱いで人権委員会の聴取に出席する。

こうした圧倒的格差の中で中立人が主張を展開し、その正当性が認められて「勧告」が出されても、「決定の趣旨」が正確に放送されなければ中立人は救われない。中立人がＢＰＯのシステムを尊重して訴訟案件にしないと真摯に考えていれば、残された手段は人権委員会に「勧告」への誠実な対応を当該テレビ局が行うよう指導することを求めることしかない。

●重大な人権侵害を起こしたという加害意識がない

こうしたことを防止するためには、BPOあるいは人権委員会が「勧告」を出したときに当該放送局がどのような内容・基準で「決定の趣旨」を放送するのかを明記したガイドラインが必要だといえる。本来ならそうした作業が必要でなくなるような自律したメディア企業であるべきだ。

そうでないと先にも指摘した今回の「勧告」内容にある「本決定の趣旨が放送されれば、名誉毀損の救済にも資する」ことにはならない。「勧告」に対する当該テレビ局の放送内容の問題点について中立をしなければならなくなるような事態になる。

第五に以上のような問題とともに報道被害や放送被害が再発する可能性が高くなることも指摘せざるを得ない。

朝日放送の「勧告」をふまえたコメントを視聴して、このメディア企業は大交やその関係者の名誉を毀損し重大な人権侵害を起こしたという加害者としての認識があるのだろうかと考えざるを得なかった。また放送倫理上の重大な問題を起こしたという自覚があるのだろうかと疑わざるを得なかった。

先に引用したが、「ペンは剣よりも強し」という諺がある。これは暴力に屈せずペンの力（言論）で闘うという思いを込めて「言論の力は武力よりも大きい力を持っている」という趣旨の諺である。この諺は背面から見れば、武力以上に言論の力が大きい側面を持っているということであり、言い換えればテレビの力は武力以上に大きな面を持っているということである。それらの巨大な影響力を持つメディア企業側に加害者意識が欠けているとしたら、空爆によって多くの人々が地上で亡くなっていても自覚できていない空軍パイロットと同様である。当該スクープ報道によって、大交とその構成員がどれだけの被害を被ったかを想像すべきである。そしてスクープとして信じ込まされた多くの視聴者に誤った報道を行った責任を厳格に受け止めるべきである。

●放送人権委員会が朝日放送へ意見

上記のように「勧告」後の朝日放送コメントの問題点について指摘してきたが、その指摘の内容と同様の意見が放送人権委員会からも出されていることが、ＢＰＯのホームページでも公開されていた。二〇一四年二月二一日付の「『放送人権委員会決定後の取り組みについて』に対する意見」という文書である。この文書は、朝日放送からの二〇一三年一二月二四日付の報告をふまえて出されたものである。この朝日放送文書も極めて分析の甘いものであった。

文書の内容は「本報告に記載の『広報コメント』は本件放送の端緒となった内部告発が『選挙の公正に関わる内容』であって、『民主主義の根幹に関わること』と述べることから始まり、『表現方法など行き過ぎた面があったことについては、決定内容を真摯に受け止め』る旨を述べるにとどまるものとなっています。

上記内容の『広報コメント』は、一般的、常套的な用語を用いて本件放送の正当性をなお主張するものとも読み取れます。このため、委員の中には、当該局の本決定の内容と重大性を真摯に受け止める姿勢に疑念を抱くとの意見もありました」と明記された上で、本決定は「勧告」に記載したとおり、「本件放送について、①申立人に対する取材のあり方、②断定的報道、③内部告発者の『やくざ』という発言、④続報のあり方、以上四点の問題点を指摘し、もって放送倫理上重大な問題があると判断したものです。『広報コメント』は四点の指摘に触れないまま、『表現方法など行き過ぎた面があった』と述べており、委員の中には、あたかも放送上の表現の問題にすぎなかったかのような理解にとどまっているのではないかと、疑問を呈する意見もありました」と明記されていた。

放送人権委員会文書は、「よって、委員会は、当該局に対し改めて本決定の趣旨と『勧告』の重みを受け止め、スクープ報道における表現のみでなく、取材のあり方そのものについても再度検討し、再発防止に努めるよう要望します」と再「勧告」のような意見を述べていた。正当な意見であり、私が述べてきたことと同じ見解である。

朝日放送がこれらの意見を真摯に受け止めなければ、一般企業の不祥事に対する厳正な報道をする資格を喪失することになるといえる。自らの重大な「不祥事」には甘く、メディア企業ではない他社の不祥事に厳しければ、社会性を失うことになるのは自明である。これらのことを肝に銘じるべきである。

かつてドイツ大統領であったヴァイツゼッカーは、一九八五年に「過去に目を閉ざすものは、結局のところ現在にも目を閉ざすことになります。非人間的な行為を心に刻もうとしない者は、またそうした危険に陥りやすいのです」と述べている。言い換えれば「過去の過ちに真摯に学ばないもの、あるいは加害行為に心を刻もうとしない者は、同じ過ちを犯す」ということを忘れてはならないのである。

軍隊にはシビリアンコントロールが必要なように、メディアにもその内部の人だけではない健全な市民感覚が必要なのである。しかしメディアは、その市民感覚や世論に圧倒的な影響力を持つという他の企業にはない特殊な側面を有する。

つまりメディアへの権力的でない「シビリアンコントロール」のようなものが必要であり、その役割の一端を担っているのがＢＰＯなのである。そのＢＰＯ「勧告」を軽視するような事態は厳に慎まなければならない。そうでないと「軍の暴走」と同じように「メディアの暴走」が始まり、それが過激な世論を生み出し、社会を危険な方向に導く。また結果として権力的規制に道を開くことになってしまう。

第五章 政治家の問題発言とメディア及び情報リテラシー

1 橋下徹氏のいわゆる「従軍慰安婦」「風俗活用」発言

●問題発言を報道されると「大誤報」だと公言

前章で述べたことをふまえ、以下に紹介する二〇一三年五月一三日の橋下徹氏の発言と、メディアの対応に関する報道を視聴して大きな危惧を抱いた。一種の「権力をもつ者」でもある行政トップが自らの問題発言を報道されると「大誤報」だと堂々と公言し、メディアに不当な圧力をかけても、反論するメディアが少ないという事態である。今日のトランプ米大統領の自身に都合の悪いメディア情報のほとんどをフェイクニュースと公言している姿勢と重なる。

当日の大阪市役所登庁時と退庁時のぶら下がり取材で、橋下徹氏はいわゆる「従軍慰安婦」

（性奴隷制）発言や「風俗活用」発言等を行い国内外から大きな批判を浴びた。それらの発言報道に対して、橋下氏は「大誤報」だと公言しメディアを批判していた。しかし彼の発言を検証する限りメディア報道は「大誤報」ではない。その点をまず検証しておきたい。検証するために引用が異例の長さになることをお断りしておきたい。

まず五月一三日登庁時のぶら下がり取材で参議院選挙での公約素案について記者に質問されて答えた後、「村山談話ですが、自民党の高市さんが侵略という言葉はどうかと批判的なことを仰っていましたが、安倍首相も侵略についてははっきりと見直すということですが、植民地支配と侵略をお詫びするという村山談話については？」と質問された中での回答部分で問題の発言が飛び出した。つまり質問は「村山談話」について訊《き》かれているのである。

●「慰安婦制度ってのは必要」と発言

その回答の中で自ら自発的に従軍慰安婦問題に触れ「（前略）僕は、従軍慰安婦問題だってね、慰安婦の方に対しては優しい言葉をしっかりかけなきゃいけないし、優しい気持ちで接しなければいけない。意に反してそういう職業に就いたということであれば、そのことについては配慮しなければいけませんが。しかし、なぜ、日本の従軍慰安婦問題だけが世界的に取り上げられるかということ、その当時の、慰安婦制度っていうのは世界各国の軍は持っていたんですよ。これはね、いいこととは言いませんけど、当時はそういうもんだったんです。（中略）」と述べている。その後の回答の主要な内容は、「なぜ日本だけが問題になるのか」といった趣旨だといっても過言ではない。

その後、メディアで最も問題になった発言につながるのである。「（中略）当時の歴史をちょっと調べてみたらね、日本国軍だけじゃなくて、いろんな軍で慰安婦制度ってのを活用してたわけなんです。そりゃそうですよ、あれだけ銃弾の雨嵐のごとく飛び交う中で、命かけてそこを走っていくときに、そりゃ精神的に高ぶっている集団、やっぱりどこかで休息じゃないけども、そういうことをさせてあげようと思ったら、慰安婦制度ってのは必要だということは誰だってわかるわけです」と述べており、当時の状況で明確に肯定していることがわかる。

●もっと風俗業を活用して欲しいと米軍司令官に発言

続いて先にも紹介したように彼が最も述べたかったことが以下のように展開される。「ただそこで、日本国が欧米諸国でどういう風に見られてるかというと、これはやっぱりね、韓国とかいろんなところの宣伝効果があって、レイプ国家だって見られてしまっているところ。ここが一番問題だからそこをやっぱり違うんだったら違うと。証拠が出てきたらね、それは認めなきゃいけないけれども、今のところ二〇〇七年の閣議決定では、そういう証拠はないという状況になっています。（後略）」となっている。

その後、同日退庁時のぶら下がり取材で、「（前略）『意に反して』ということでも必要ではあったということでしょうか？　いい気はしないけど、状況からして必要であったということですか？」と質問されて、「いや、意に反した、意に即したかということは別で、慰安婦制度っていうのは必要だったということですよ。意に反するかどうかにかかわらず。軍を維持するとか軍の規律を維持するためには、そういうことが、その当時は必要だったんでしょうね」と述べた後、「今は違う？」と質問されて、「今はそれは認められないでしょう。でも慰安婦制度じゃなくても風俗業ってものは必要だと思いますよ。それは。だから、僕は沖縄の海兵隊、普天間に行ったときに司令官の方に、もっと風俗業を活用して欲しいって言ったんですよ。そしたら司令官はもう凍り付いたように苦笑いになってしまって『米軍ではオフリミッツだ』と『禁止』っていう風に言っているっていうんですけどね、そんな建前みたいなことをいうからおかしくなるんですよと。（後略）」と回答している。そして最後のほうに「（前略）いろんな戦争で勝った側が負けた側をレイプするだのなんだのなんていうのは、そんな事実は戦争にはつきまとってあるわけじゃないですか。それはもう具体的な国名は出しませんけども」と戦争にレイプは付き物だという趣旨を述べた後、「そういうのをやっぱりおさえていくっていうためには一定の慰安婦みたいな制度っていうものが必要だったということも厳然たる事実だと思いますよ」と述べている。

●メディアと「日本人の読解力」に問題があると

橋下氏の主張をより正確に表現するために非常に長い引用になったが、以上のように「慰安婦制度ってのは必要だということは誰だってわかるわけです」と長々と述べておいて、メディアがそうした発言の趣旨を正確に報道すると「大誤報」だと述べ、それを読者・視聴者が厳正に受け止めると「日本人の読解力不足」と非難するのは許されることではない。問題発言以外の部分を総合的にふまえても、彼の五月一三日の発言は、「いいこととは言いませんけど」、「精神的に高ぶっている集団」に「休息じゃないけども、そういうことをさせてあげようと思ったら」、また「軍を維持するとか軍の規律を維持するため」や「戦争にはつきまとっているレイプ」をなくそうとすれば、「慰安婦制度っていうのは必要」であり、「一定の慰安婦みたいな制度っていうものが必要だったということも厳然たる事実」だと述べているのである。

しかし五月二六日の外国特派員協会で配布された「私の認識と見解」ではまったく異なったことを述べている。

まず「私の拠って立つ理念と価値観について」の項で「（前略）私の思想信条において、女性の尊厳は、基本的人権において欠くべからざる要素であり、これについて私の本意とは正反対の受け止め方、すなわち女性蔑視である等の報道が続いたことは、痛恨の極みであります。私は、疑問の余地なく、女性の尊厳を大切にしています」と記した後、「いわゆる『慰安婦』問題に関する発言について」の項で、「以上の私の理念に照らせば、第二次世界大戦前から大戦中にかけて、日本兵が『慰安婦』を利用したことは、女性の尊厳と人権を蹂躙する、決して許されないものであることはいうまでもありません。かつて日本兵が利用した慰安婦には、韓国・朝鮮の方々のみならず、多くの日本人も含まれていました。慰安婦の方々が被った苦痛、そして深く傷つけられた慰安婦の方々のお気持ちは、筆舌につくしがたいものであることを私は認識しております。

日本は過去の過ちを真摯に反省し、慰安婦の方々には誠実な謝罪とお詫びを行うとともに、未来においてこのような悲劇を二度と繰り返さない決意をしなければなりません。

私は、女性の尊厳と人権を今日の世界の普遍的価値の一つとして重視しており、慰安婦の利用を容認したことはこれまで一度もありません。私の発言の一部が切り取られ、私の真意と正反対の意味を持った発言とする報道が世界中を駆け巡ったことは、極めて遺憾です。（後略）」と述べている。ここまで述べるのなら前言を完全に撤回する必要がある。それをしないでこうした見解を述べるのはメディアと「日本人の読解力」を愚弄するものであり、世界の多くの人々を欺くものである。

●前言を撤回しないまま詐欺のような言い訳

五月一三日から二週間も経たない五月二六日にこれだけ異なった趣旨の言い訳と説明ができることに、政治家としての彼の資質に大きな危惧を抱く。政治家・公人は自身の発言に大きな責任が存在する。政治家が選挙で公言したことを簡単に否定することがあってはならない。その時々の「ふわぁとした民意」を獲得するために公言したことで批判を受ければ真意を誤魔化し、いつの間にか公約を変えることは許されない。

二重の罪を犯しているとしか考えられない。一つは五月一三日の発言であり、もう一つは真摯な反省をすることもなく、五月一三日の発言の趣旨をねじ曲げていることである。「日本人の平均的な読解力」からすれば、五月一三日発言と二六日文書が同一趣旨のことを述べているとは考えられない。橋下氏の読解力ならそれが可能だということのようだが、それは詭弁である。

彼に訊きたいことは他にも存在するが、上記の発言にある「いいこととは言いませんけど、当時はそういうもんだったんです」「慰安婦制度ってのは必要だということは誰だってわかるわけです」が、なぜ「慰安婦の利用を容認したことはこれまで一度もありません」とした記述になるのかまったく理解できない。

また米海兵隊普天間基地の司令官に「もっと風俗業を活用して欲しい」とはどのような意図で言ったのだろうか。「慰安婦制度じゃなくても風俗業ってものは必要だと思います」と記者に述べた後の普天間での発言を紹介したのである。私にはどう考えても「慰安婦制度」の代わりに「風俗業」を活用することを提案しているとしか理解できない。こうした提案をしておいて、見解にある「私は、疑問の余地なく、女性の尊厳を大切にしています」と平然と言える心情がわからない。

2 極めて不十分なメディアの対応

●報道が「大誤報」だと公言されていても

橋下氏の過去の発言からも「慰安婦の利用を容認したことはこれまで一度もありません」とはいえない。

こうした問題にメディア企業が的確な対応をすることは、メディア企業の信頼性を確保する上でも極めて重要なことである。

彼は二〇一三年七月に行われた参議院議員選挙の街頭演説でも「大誤報されました」と繰り返し述べていた。言うまでもなくメディア企業の基盤的な「製品・商品」は情報である。それも極めて特殊な表現の自由に関わる重大な情報である。その情報、報道が「大誤報」だと公言されているのである。

つまり大欠陥「商品」だと全国各地で公言されているのである。こうした一連の橋下発言に対し、メディア企業の側も単発的な反論見解を掲載していたが、極めて不十分な反論しかできていない。

彼は一私人ではない。当時は国政政党の代表であり大阪市長でもあった公人である。その公人がメディア企業の報道に対して、選挙演説で「大誤報」だと何度も公言しているのである。かつてナチスドイツの政治家は「嘘も一〇〇回言えば本当になる」といったことがある。多くの聴衆は批判されているメディア側からの丁寧で強力な反論がなされなければ、間違った方向に誘導される恐れもある。

●民主主義の根幹に関わる問題

メディアは世の中を理解する上での中心的な役割を果たし、私たちの考え方や価値観の形成、物事を選択する上でも大きな影響力を持っている。もちろん物事の選択には選挙でどの政党やどの候補者に投票するかも含まれ、民主主義の根幹に関わる問題でもある。

そうした時期に選挙演説で「大誤報」だと公言されて、不十分な反論しかしなければ自らの報道に厳正な責任を持っていないと多くの有権者に見なされる。

少なくともメディア企業側から「質問書」や「抗議文」をよりタイムリーに出さなければならない。製品やサービスを提供している民間企業が、自ら提供した製品やサービスに問題がないにもかかわらず、「大欠陥商品」だと大きな影響力を持つ公人に何度も公言されれば、民間企業なら法的措置をはじめ種々の反撃を行うことは自明である。しかし「大誤報」だと指摘されているメディアの反応は極めて鈍い。

例えば自社の新聞報道のどこが「大誤報」なのか、内容のどこに問題があるのかを質問し、その回答も明確にすべきである。それがメディア企業の責任である。

先に述べたが、今回の「風俗活用」発言等の報道に「誤報」はない。市民が知るべき重要で「正当な報道」である。「誤報」がないかどうかを検証するために「誤報」だと指摘されているメディア企業の報道内容、その元になった五月一三日の橋下発言をすべて読み込み精査した。

●当該メディアに厳正に謝罪すべき

すでに多くのメディアによって報道されていたので重複は避けるが、橋下氏がどの部分を「大誤報」といっているのか理解できなかった。おそらく指摘されているメディア企業も同じ認識だろう。メディア企業も、橋下氏が何を根拠に「大誤報」だと公言しているのか明確に質問すべきであり、その回答に対する反論も明確に報道すべきである。

問題が重大な国際問題にもなっているという自覚がメディア側にも欠けているのではないかと考えざるを得ない。橋下氏の問題発言以降、各国や関連する議会が批判的コメントを出すだけではなく、五月二一日には国際人権規約A規約（社会権規約）に基づいて設置されている社会権規約委員会が日本政府に対し、「『慰安婦』被害者を貶めるような発言」を止めるよう勧告を出している。五月二一日・二二日の拷問禁止委員会での日本に対する審査でも「慰安婦」問題が取り上げられている。極めて重大な事態であった。

「大誤報」か「正当な報道」かを明らかにすることが、メディアの視聴者・読者への責任である。新たにメディアを騒がす問題が起こっても、この問題に決着がつかないまま幕を引くことは許されないにもかかわらず、スルーされてしまった。「正当な報道」であることが明確になれば、「大誤報」と公言した橋下氏は当該メディアに厳正に謝罪すべきである。そうしたことを確実に進めなければ、日本のメディア企業は国際的にも信用されなくなる。メディアがそうしたことを曖昧にすれば、民主主義の根幹が危うくなる。メディアも「徹底検証」などといったコーナーを創設して明確な検証結果を内外に明らかにすべきであった。あるいはそれぞれのメディア企業が持つ「検証委員会」等で検証すべきだった。

●「大誤報」だと公言するのは無責任

橋下氏の一連の発言が女性蔑視をはじめとする重大な人権侵害発言であることは言うまでも

ないが、その後の対応にも重大な問題が存在する。自らの非を認めず、「大誤報」と公言してメディア企業に責任を転嫁し、「日本人の読解力不足」といって国民の責任にするといった欺瞞は許されない。最も卑怯な手法である。

橋下氏も「日本人の読解力不足」というなら、どの部分を指して読者の「読解力不足」と指摘しているのか明確にすべきである。

また「大誤報」と公言するなら、弁護士として法的措置等も取るべきと考える。民法七〇九条に基づく不法行為としての損害賠償請求、民法七二三条に基づく謝罪広告の請求等もできる。あるいは放送の場合、放送法による訂正放送制度の利用やＢＰＯ（放送倫理・番組向上機構）の放送人権委員会への審理申立も可能だ。そうした手段を一切取ることなく、「大誤報」だと公言するのは無責任である。彼が上記の手段を講じたとしても勝つことがないのは明白である。

また精査した文書の中に、先述したように橋下氏の五月二六日の外国特派員協会での記者会見で配布された「私の認識と見解」文書もある。

五月一三日の発言と五月二六日文書の間には、少なからず論点をずらしているとしか考えられない部分があった。

●メディアや社会は劣化していく

　メディアもそうした点を明確に検証すべきであった。橋下氏がいかに例え話を駆使して、論点をすり替え、発言内容を飛躍させたり修正しても、原点は五月一三日の発言とそれ以前の発言である。彼が当日の発言に言ってもいない「前提条件」や「仮想の条件」を付け加えたとしても、それが後付けであることを明確に指摘し検証しなければならない。

　橋下氏のテレビ発言を視聴していて、私は以上のような話法を感じることがあった。しかし経験の浅い新聞やテレビ局の記者は、それが見抜けない。また視聴率競争や内部情報をいかに早く取るかという競争に追われている記者には、そうしたことを検証することができない。そして重大な問題が時間とともに忘れられ、メディアや社会は劣化していく。そうしたことにならないためにもメディア企業の取材力と検証力を高めるべきである。

「断言」「本音」「ぶっちゃけ」型政治家やタレントが人気を獲得する時代である。社会に不満を持つ人々の気分ともいえる世論とSNSの普及が、そうした傾向を助長している。テレビ番組でも「本音」「ぶっちゃけ」「断言」型発言のタレント司会者を登場させた「討論」風番組で、極端な発言をして視聴率を稼いでいる。そうした傾向を橋下氏はよく理解し、「本音」「ぶっちゃけ」「断言」型発言が、彼のいう「ふわぁとした民意」を掴むために効果的だと強く認識している。しかしこうした発言には、もう一つ大きな落とし穴が存在する。それは発言者の思想や考え方、価値観が顕著に現れることによって、国内外の人権意識や価値観と大きなギャップが存在するときは、「ふわぁとした民意」が一挙に離れてしまい強い批判の対象になる。

●責任転嫁と忘却手法を許してはならない

そうした状況から逃れるために彼らが取った手法の一つが責任転嫁である。メディアへの「大誤報」と公言することも、「日本人の読解力不足」といった表現も責任転嫁のためである。こうした責任転嫁を許さないためには、先に述べたように「大誤報」や「日本人の読解力不足」ではないことを詳細に緻密に明確にすることである。そして彼の欺瞞を許さず、発言のどこに問題が存在するのかということを明確にし、彼の発言の背景を深く分析することである。例えば差別事件や人権侵害事件が発生すれば、事実の認定と問題点や差別性の整理、背景・原因、それらを克服するための課題を整理する。今回の発言も明確に人権侵害発言である。以上のことを整理・分析する重要性をメディアは自覚すべきである。

もう一つの彼らの手法は、こうした問題から多くの市民の目をそらすことであり、忘れさせることである。大阪にある「八尾空港でオスプレイの訓練を」といった唐突な提案を橋下発言のすぐ後に行うのは、そうした手法の一環であると考えられる。

このような彼らの「責任転嫁手法」と「忘却手法」にメディア企業が翻弄されてはならない。メディア自体に明確な責任転嫁を行う発言を行っていることをふまえ、「大誤報」ではなく「正当な報道」であったことを明らかにし、「大誤報」といった責任を厳正に追及しなければ、メディアは読者や視聴者に責任ある態度を示したとはいえない。

以上の事案から考察できるようにメディア報道が社会や政治の方向性に大きな影響を与えている。だからこそメディアのあり方が注視されるのである。それは過去においても同様である。メディアと政治の関係がこれまで以上に社会に大きな影響を与える状況になっている。

3 ナチス時代のメディアと政治

●文化の国も暴力の国に

「政治とメディアが連携すれば、どんな文化の国もたちまち暴力の国だ」とエルンスト・ブロッホが『ナチズム』という自著の中で述べている。

当時のメディアで中心的な役割を担ったのは、新聞と新しいメディアであったラジオ、映画である。まだテレビメディアはなかった。

テレビメディアとインターネットが普及した現代社会に生きている私たちは、ナチス（国粋社会主義ドイツ労働者党）時代以上にメディアの影響を強く受けている。まさに「政治とメディアが連携すれば、どんな人権の国もたちまち差別の国」になり、「政治とメディアが連携すれば、どんな平和の国もたちまち戦争の国だ」ともいえる。最近の報道を視聴していて感じることは、この言葉がナチス時代だけのものではなく、現代の教訓にしなければならないということだ。

ヒトラーは、その著作『わが闘争』において「大衆の受容能力は非常に限られており、理解力は小さいが、そのかわりに忘却力は大きい」と述べ、「すべての効果的な宣伝は重点をうんと制限して、そしてこれをスローガンのように利用し」て、大衆扇動を行うことが重要だと指摘している。近年の大衆的人気を獲得した一部政治リーダーの手法にぴったりと当てはまる。

●大衆迎合と短期的視点の誤り

一方、「政治とメディアが連携すれば、どんな差別の国もたちまち人権の国」になり、「政治とメディアが連携すれば、どんな戦争の国もたちまち平和の国」にすることができる。それが本来の政治の役割であり、メディアの使命である。にもかかわらず、歴史は政治とメディアの役割を見失わせ、正反対の役割を担わせたことが何度となくあった。

それらの時代に共通した点は、ポピュリズムともいうべき大衆迎合と短期的な視点での政策判断・評価基準にあり、それらの傾向を一層助長した大衆迎合的・集団過熱的メディアの存在であった。その時々の誤った政策判断も、当時は短期的な視点で合理的な説明がなされていた。長期的な視点で見るとおかしなものが多数含まれていた。それでも多くの人々は、疑うことなくそれらの政策を信じ、嘘の発表や説明を受け入れ、時代の世論を形成した。

不安な時代、安心と安定を求めて人々は容易にデマを受け入れてしまう。社会不安が蔓延している時代、デマが受け入れられやすい土壌が形成される。不安な時代は多くの人々が感情的になりやすい時代でもある。個々人においても、心が疲れた時は感情的になりやすい。これが集団的に発生する時代なのである。

また「イデオロギーは過剰になる」といわれるように「イデオロギーを含む世論もしばしば過剰になる」。過剰になった世論を背に受けて、ポピュリズム的政治家が、容易に過激な政策を打ち出すことを可能にする。

●一九二九年世界恐慌のドイツでは

それらの点を第二次世界大戦前のドイツに焦点をあてて考察すれば、顕著に問題点が浮かび上がる。一九二九年の世界大恐慌がターニングポイントであった。その頃のドイツの政治経済情勢を振り返りながら、今、私たちがどのような視点を持つ必要があるのかを考えることは、歴史を教訓にする上で最も重要なことの一つである。それが「文化の国を暴力の国」にしないことの早道である。

当時のドイツは一九一四年に始まった第一時世界大戦で敗戦国となり、一九一九年の連合国とドイツとの間に調印されたベルサイユ条約によって、苛酷な賠償を課せられ、経済的にも厳しい状況に置かれていた。そうした経済情勢の下、政治情勢も一九二〇年代の一〇年間で政権交代が一〇回に及び、政情不安が続いた。

経済は驚くほどの賠償額と戦争による生産能力の低下などで壊滅的な状況にあった。そのためにハイパーインフレ（超インフレ）が起こり、ドイツ通貨であったマルクの価値は一兆分の一まで下がり、紙切れ同然になった。そこに重なるように米国発世界恐慌が一九二九年に起こったのである。

ドイツは第一時世界大戦での敗戦後、米国資本を導入して復興を図っていたが、その米国から世界恐慌が起こり、米国資本総引き上げの中で、ドイツ経済は壊滅的な打撃を受けた。このような時代的背景の中で、ナチスが台頭したのである。

先に示したヒトラーの著書『わが闘争』の宣伝方針に基づいて行われた現状否定と大衆宣伝は、現状に不満を抱いていた青年や失業者の心を引きつけ、飛躍的な党勢拡大を成し遂げた。一九二六年の五万人党員から六年後の一九三二年には二〇倍の一〇〇万人を突破し、これらに比例する形で国会での議席も飛躍的に伸びていった。

●過去に目を閉ざすものは

以下ではこうしたメディアと政治、社会の交差によって、歴史的にどのような状況を生み出したかを検証し、今後のメディアと報道のあり方を考える素材を提供したい。

先の章で紹介したが、ドイツ・ヴァイツゼッカー大統領（当時）の演説にある「過去に目を閉ざすものは」という部分の「過去」は言うまでもなくドイツのナチス時代である。その時代の政治とメディアについて「目を閉ざす」のではなく、歴史的教訓にしなければならない。

まず当時のナチスの躍進ぶりとドイツの政治経済状況を具体的な数字で概括しておきたい。

先述したようにドイツは第一次世界大戦で敗北し、ベルサイユ条約によって多額の賠償金を課せられた後、一九一九年にドイツ国新憲法いわゆるワイマール憲法が制定された。

当時、ワイマール憲法は最も民主的な憲法といわれ、社会権や生存権をも明記したものであった。しかしその体制は、一四年後の一九三三年にナチスが政権を取って終わりを告げた。とりわけ一九二九年一〇月のアメリカ合衆国発世界大恐慌はドイツ経済を壊滅状態に陥れ、ワイマール体制は雪崩のように崩壊していった。それ以前から内部崩壊しつつあったワイマール体制をより一層厳しい状況に追い込み、経済的苦境で生活苦に追い込まれた民衆の不満・閉塞感が、ナチス躍進の大きな原動力になった。

●ナチスの総選挙得票数は大きく伸びた

その前後でナチスの総選挙における得票数は大きく伸びた。世界恐慌前の一九二八年五月の総選挙では、一五〇万票（得票率五％）しか得票できず、一二議席（第八党）に終わった。しかし世界大恐慌後の一九三〇年九月総選挙では、得票六四〇万票（得票率一八％）で一〇七議席（第二党）に大躍進した。その後、一九三二年七月総選挙では得票一三七五万票（得票率三七％）で二三〇議席（第一党）になり、一九三二年一一月総選挙で若干後退したものの第一党は維持し、一九三三年一月にヒトラー首相が誕生した。当時のドイツ人口が現代日本の約半分であったことを考えるなら得票数はかなりのものであったといえる。

このような政治状況の中で、一九三三年三月二三日に議会の同意なしに予算制定権や条約締結権等の立法権をヒトラーに与える全権付与法が成立した。同年五月にはすべての労働組合が解散させられ、その後、政党関係にも同様の措置が取られた。そして一党独裁体制が確立した。今日の状況からすれば、当時のドイツ国民は、なぜ一党独裁体制を創り上げるようなナチスを支持したのかと疑問に思う人々が多数いるが、紛れもなく暴力的要素を含みつつ「民主的」な選挙を経てワイマール体制が崩壊し、ナチス独裁体制が敷かれたのである。

●検閲済みの映画を通じた大衆扇動

その頃のナチス党及びヒトラーに対する大衆的人気、支持率も圧倒的なものであった。現代の私たちから見れば、ナチ式の挨拶やヒトラーの熱狂的な演説は奇異に映るが、当時は紛れもなく多くの若者の憧れの的だった。

ヒトラーは大衆的な人気と全権付与法による独裁的な権力によって、当時のドイツの置かれた状況を克服・改善するために、不満を抱いていた人々の支持する政策も含めて強力に推進し、さらなる支持を集めた。この間にも大きな問題のある法律や政策を数多く出しているにもかかわらず、この時点でナチス党及びヒトラーの本質に気づいている人は、ドイツ国民に多くはいなかった。

こうした状況を創りだした要因の一つが、ナチスのメディア戦略である。戦前の政治家で最もメディアを利用した政治家はヒトラーといえるだろう。当時、ナチス党幹部の中でも数少ないインテリであったゲッペルスを宣伝大臣に置き、一九三四年には映画法を発布し、検閲済みの映画を通じた大衆扇動とラジオ、新聞を駆使した宣伝は、ドイツ国民に圧倒的な影響を与えた。

●大衆的支持を広げていったナチス

そうした戦略によって、ナチスやヒトラーは、経済的前進とともに大衆的支持をさらに広げていった。後に紹介する失業率の高さを克服し、一九三七年には完全雇用に近づけた。

まさに公約を実行する政治リーダー、ドイツを救う政治リーダーとして熱狂的な支持を集めた時期である。もしこの時期にヒトラーが亡くなっていれば、おそらく今日のようなヒトラー評価にはならず、ドイツ経済を救済した政治リーダーとして、高い評価が歴史的に下されていたかもしれない。

一九二九年の世界恐慌から米国とともに、最も早く経済回復した国の一つがドイツである。米国のニューディール政策と同様にアウトバーン等の公共事業を展開し、一方で軍需産業の振興で経済の建て直しを進めたのである。その行き着くところは、言うまでもなく戦争である。

一つひとつの政策や方針は誤っていても合理的に見える説明が施され、詭弁ともいえる説明によって多くのドイツ国民は、「昨日にかわらぬようにみえる今日であり、今日にかわらぬようにみえる明日」と時代を捉えてしまい、日々の変化に気づかず、地獄への道に荷担してしまったのである。数年単位で観察すると大きな分岐点があったにもかかわらず、長期的な視点で観ることができなかった。

一九三九年九月のドイツによる「ポーランド侵攻」（侵略）によって始まった第二次世界大戦も、ポーランド回廊といわれた地域のドイツ人住民が民族対立の犠牲になっており、それを解決・救済するするために「侵攻」するとの説明であった。この時にも多くのドイツ国民は熱狂的な支持を集めていたヒトラーの行動・判断を容易に支持してしまった。

●ナチス時代のメディアは過去の問題ではない

ユダヤ人への迫害も同様である。一つひとつの政策や行動がコンパクトに説明され、時には科学的装いを凝らして説明されることさえあった。当時、ユダヤ人はドイツ国籍を持ったドイツ国民である。それらの自国民を迫害した一点からでも現在の視点で照射すればナチス党の問題を指摘することができるが、結果として一二年間、ナチス党とヒトラーにドイツの運命を預けてしまった。その間に「政治とメディアが連携」し、「平和の国も戦争の国」に「文化の国も暴力の国」になってしまった。

今日の政治とメディアの関係を観てきて、今後の私たちの社会に悪影響を与えないかと心配している人々は多いだろう。今日のSNSを含むメディアは、ナチス時代以上に私たちに大きな影響を与えている。まさにナチス時代の「政治とメディア」は過去の問題ではなく、現代の問題だということを十分に自覚する必要がある。

同じ過ちを繰り返さないためには、メディアを批判的に読み解き、大衆迎合ではなく冷静な視点で、長期的な観点から今日における政策判断を行う必要があることを強調しておきたい。ナチスへの支持率が最高潮であり、ほぼ完全雇用を実現した一九三七年から二年後の一九三九年に、先に示したようにポーランド侵略を開始し、第二次世界大戦の火ぶたが切られたのである。

この時期のドイツ国民のヒトラーやナチスに対するイメージは、今日の私たちが持っている「独裁」「侵略」「大量虐殺」といったイメージとはかなり異なるものだった。この時期にナチスの本質を見抜いていた人々も少なからず存在していたが、多数派を構成することはできなかった。

●事実と反するデマ宣伝に乗せられ

以上のような驚異的な国民的支持の拡大をもたらしたのは、デマの駆使を含むナチスによるプロパガンダ（政治宣伝）とメディア操作の巧みさだけではないが、ナチスメディアとその他のメディアの果たした役割は極めて大きい。これらはドイツだけの問題ではない。どの国でも条件が整えば起こる可能性がある。

当時のドイツには、先に紹介したようにワイマール憲法という最も民主的な憲法が存在していた。しかし経済的には重大な苦境に置かれていた。その象徴が空前のインフレである。第一世界大戦直前の一九一三年の物価水準を基準にすれば、七年後の一九二〇年には一四倍になり、一九二三年には一兆倍に達した。つまり貨幣の値打ちがまったくなくなってしまったのである。こうしたなかで失業者は増加し、世界大恐慌以後さらに悪化し、失業率は二〇％を超えた。これらの経済的苦境によって、多くの国民生活は成り立たなくなっていった。とりわけ中間層はワイマール体制が自分たちの生活を崩壊させたと思うようになった。

このインフレによってごく一部ではあるが、潤った階層もあった。そうした階層の象徴として、事実と反するデマ宣伝に乗せられ、ユダヤ人をはじめとした一部の人々が攻撃の対象となった。多くのドイツ国民はデマを信じ、自らの「苦境を作り出した人々」を攻撃してくれるナチスに喝采を送った。

近年の日本において不満の矛先としての攻撃対象になっているのは、地方公務員や生活保護世帯、被差別者などである。朝日放送によって市民の敵のように描かれた大交は地方公務員である。そしてこうした人々は、メディアを活用して十分に反論できる機会を持たない人々である。地方公務員である大交をバッシングした政治家が、バッシングをすることによって、「社会の敵」と敢然と立ち向かう決断力あるリーダーだと大衆的人気を獲得すれば、間違いなく選挙戦で有利に戦える。そうした状況を作り出すのにメディアが便乗すれば、社会や政治は誤った方向に進む可能性が高くなる。ヴァイツゼッカー大統領は、そうした危惧を先に紹介した演説の中で述べたかったのである。市民に圧倒的な影響力を持つメディア企業こそ教訓にすべきである。

●自由の敵に自由を与えることで自由が奪われてしまった

まさにナチス時代が終わってから総括された言葉である「自由の敵に自由を与えることで自由が奪われてしまった」状態にならないようにしなければならない。

上記に示した大衆的不満を背景にナチスの徹底した現状否定が、一九三〇年代初頭にメディアを活用して大衆の心を大きく獲得していった。矛盾する政治目標であっても、現状に不満を抱く有権者は、力強く現状を否定してくれる「反（アンチ）〇〇」が続くスローガンを叫ぶナチスに大きな期待を寄せた。

また彼らはそれらのスローガンを大衆受けするように巧みに使い分けた。多くのスローガンを時期と場所と対象によって使い分け、聴衆の心を掴めるものだけを前面に出して強調し、大衆の心が離れていくと思われるようなスローガンはほとんど語らず、平気でその場限りのデマを繰り返した。そうした政治宣伝内容に論理的な矛盾があっても、デマで切り抜ければよいと考えていた。それだけではない。不都合なことから目を背けさせるためと強いリーダーシップを演出するために激情的に対立構図を設定し扇動した。

以上のように多くの市民が漠然と「守旧派」と考えている組織や人々に敵対勢力のレッテルを貼り、それらの勢力に敢然と対抗する強いリーダーシップを演出するという政治手法は、過去のポピュリズム政治家の手法でもあった。徹底した現状否定とイメージ的ビジョンに多くの市民が幻想を抱くことは今も昔も変わっていない。

●過剰なまでの危機感の演出と無責任な言動

過剰なまでの危機感の演出と前言を翻す大衆迎合的で無責任な言動、次から次へと繰り出されるその場限りの新たな提案によるスピード感の演出、これらに翻弄され、発言・提案を検証できないメディアの利用、独裁的で権力的な行政運営など多くの特徴を挙げることができる。とりわけ橋下「発言」を十分に検証できないメディアの劣化は、メディアリテラシーの教育を受けていない多くの市民の心を奪い取っていった。

多くの市民が強力なリーダーシップを求めるのは、社会の閉塞感が大きく影響している。今日のような閉塞感をともなう厳しい社会・経済情勢を変革していくには、政治リーダーに強力なリーダーシップが求められることは自明である。にもかかわらず将来ビジョンを示さず、有権者の思いを反映することができない政治家の存在が、ポピュリズムに大きなエネルギーを与えてきた。

それらがリーダーシップ待望論につながり、ファシズムに力を持たせる温床になることを歴史は示している。だからこそ時代の閉塞感を打ち破ろうとする政治リーダーに危険性があっても力を与えてしまうことになるのである。

そうした事態を避けるためには、厳正な現実把握とそれに基づく的確な批判、正しいテーマ設定やメディアリテラシーなどが必要である。

●被害者意識と優越意識が重なるとき

ポピュリズムは、歴史的に見ても冷静な政策議論を遠ざけ、長期的視点を見失わせ将来を危うくしてきた。また社会問題の真の原因を見誤らせ、一切の責任を自ら設定した「スケープゴート」に押し付ける詭弁がまかり通り、「スケープゴート」にされた組織のごく一部の不祥事を不当に一般化して、すべてが「悪」であるかのごとく扇動する。先述した公務員労働者やその労働組合へのバッシングはその典型である。

もう一つ被害者意識と優越意識が重なるとき、人々の意識はファッショ的で過激になることも忘れてはならない。真面目な市民の「民間の自分たちのほうが悪い労働条件の中でもよく働いている」という「優越意識」と自分たちが納めた税金によって「不真面目な公務員」にも給与が支払われているという「被害者意識」を煽られれば、市民意識は一層過激になる。これは部落差別に関わる差別意識をともなった「ねたみ意識」も同様であった。時代に合わせて公務員制度の改革が必要であることは言うまでもないが、公務員一般を敵視しても時代はよくならない。

今日の日本の一部政治集団の政治手法と上記に述べたことが重なる印象を多くの市民は持っている。ナチス時代と今日では、国際情勢も歴史的状況も大きく異なるが、今一度、ヴァイツゼッカーの演説を心に刻む時代状況だということを指摘しておきたい。またメディア報道のあり方を平和や人権の視点でさらに検証することの重要性を強調しておきたい。

4 「情報」がすべてを決する

●社会に多大な影響を与える情報

本章で指摘してきたようにメディアのあり方に厳しく検証の必要性を迫ったのは、メディアが持つ情報力は極めて大きいからである。差別撤廃や人権確立の取り組みにも多大な影響を与えてきた。そのメディアの情報力は、政治、経済、社会全般に圧倒的な影響を与えてきた。まさに「情報がすべてを決する」ような事態が日常的に発生・発覚してきたのである。情報が、政治や社会、経済を悪化させ、人々を不幸にしたこともあった。その代表的な歴史事例の一つが前項で示したナチス下のドイツであった。

ところで政治を変える選挙戦は情報戦であるといっても過言ではない。一つの情報によって選挙情勢が大きく変化することもある。一つの情報によって、相手側の動きを止めることも、無駄な動きをさせることも可能であり、味方サイドの動きを活性化させることも可能である。敵陣営のほうが資金力や動員力が豊富であったとしても、情報力で勝ることによって選挙戦に勝利することも可能である。しかし情報の使い方を誤れば、「策士、策に溺れる」状態にもなりかねない。そうした事例は無数に存在している。

●人々は情報に極めて脆弱である

経済も同様である。情報によって株価や為替が大きく変動し、人々の生活に大きな影響を与えてきた。経済の実体を大きく超えてバブル経済が発生するのも情報に負うところが大きい。一九八〇年代後半のバブル経済を経験した人々は、その生き証人でもある。本来、土地の価格は、その土地を利用してどれだけ収益を上げることができるかが基本だが、それらをはるかに超えて高騰した。株価やゴルフ会員権も同様である。

情報が新たな情報を呼び、さらなる情報を作り上げていった。それらの情報に人々は極めて脆弱であった。今もその体質は変わっていない。バブル経済が頂点に達した頃、すでに「バブル」経済といわれていたが、多くの人々はバブル経済がいつまでも続くかのような振る舞いをした。私の友人もゴルフ会員権が、買った値段の五倍になったといって喜んでいた。しかしバブル崩壊後、大きな損失を出して嘆いていた。ゴルフをしない私にまでゴルフ会員権を購入するように勧めてくれたが、私は一向に興味を示さなかった。その私を見て、友人は（敬意を込めてくれていたと信じているが）変わり者だといった。私はその友人に「バブルはバブル、いつかは破裂する」と指摘し、「早く売却したほうがよい」とアドバイスをしたことがあった。友人がそのアドバイスを聞き入れなかった結果が大きな損失につながった。

●差別意識や偏見を一層悪化させる

上記に述べた事例は、政治に関わる選挙戦や経済に関わるバブルであるが、こうした事例が差別問題で発生すれば、差別意識や偏見を一層悪化させてしまう可能性がある。だからこそ市民運動や教育機関、企業、宗教、労働組合など、あらゆる分野で人権問題、差別問題に取り組んでいる人々にメディアリテラシーをはじめとする情報リテラシーに関心を持って欲しいのである。これまでにもメディアリテラシーが人権教育の基盤をなすといってきたのは、そのような意味からである。

こうした情報リテラシーを学ぶことは、差別・人権分野以外にも積極的な影響を与える。間違った情報に踊らされて損失を被ることも、デマ情報によって政治選択を誤ることも防止できる。企業経営者なら誤った情報によって、経営方針を間違えば、巨額の損失を被ることも少なくない。差別・人権問題に取り組んでいる多くの人々も方向を間違えば、結果的に差別問題や人権問題の解決を遅らせることになる。そうした状況にならないためにも情報リテラシーの能力を高めることに大きな関心を抱いていただきたい。

「方針は現実から与えられる」ことを忘れてはならない。現実を正確に把握することなくして、正しい方針は立案できない。そして現実を正確に把握するためには情報リテラシーの能力が求められる。

●情報には多くの意図が絡みついている

職業人としての基本的能力は、「問題」と「情報」をキーワードに、問題発見能力、問題解決能力、情報収集能力、情報分析能力、情報発信能力である。とりわけ問題発見能力や問題解決能力は、情報に関する上記三つの能力と密接に関わっていると考えている。情報収集能力や情報分析能力が不十分であれば、各分野の問題を発見することはできず、情報発信能力が追加されなければ、多くの問題を解決することはできない。

特に情報分析と情報発信の能力は情報リテラシーの重要な部分である。多くの情報には多くの意図や偏見、主観、操作などが絡みついている。それらがどのようなものであるのかを見極めなければ、情報の本質は見えてこない。

そのためには先人の情報研究の活用をふまえた分析とともに、五W一Hの視点で基本的な情報内容を分析できなくてはならない。つまりどのような内容の情報を、誰が誰に対して、どのような時に、どのような場所で、どのような目的で、どのような方法で提供しようとしたのかという基本的な分析である。この基本的な視点だけでも多くのことが見えてくる。この視点の分析すらできていないケースが非常に多い。指摘すれば簡単に気づくことでも、指摘がなければまったく気づかず、簡単に情報操作されてしまっていることも少なくない。

●五W一Hの視点を持つだけでも変わる

五W一Hの視点で情報を批判的に読み取るだけで多くのことがわかってくる。テレビ、ラジオ、新聞、雑誌、週刊誌、SNSをはじめとするネット情報、個人など媒体によっても異なってくるが、「なぜ○○なのか」と考えるだけでも情報に対する分析力は高まる。

なぜこのような内容の情報を提供しているのか、なぜこのような表現になっているのか、なぜこの時期にこのような情報を発信しているのか、この情報源はどこの誰なのか、情報源の目的はどこにあるのか、なぜこの写真や映像を使っているのか、なぜこのBGMをあえて流しているのか、なぜこの見出しなのか、等々と分析するだけでもいろいろなことが見えてくる。

こうした初歩的なことも多くの人々は疑問に思っていない。より正確にいえば、考えようとしていない。つまりその必要性すら感じていないのである。日本ではメディアリテラシーの教育をほとんど行っていない。これらが情報に対する脆弱性の基盤を形成している。ここで述べている情報リテラシーとメディアリテラシーの決定な違いは、多様なメディアを媒介しているか否かの違いである。情報リテラシーとは個人が媒介するSNS上の噂《うわさ》やデマ等の情報なども含まれるということである。より端的にいえば、ある政治家が街頭演説で述べていることを批判的に読みとる能力なども含まれる。

●政治宣伝七つの原則を知るだけでも

しかし話術巧みな政治家にかかれば、ヒトラーのように多くの人々は間違った方向に誘導される。デマを駆使する政治家や誤った情報で不当な利益を得ようとしている人々に対して対抗するためには、情報リテラシーの能力が求められる。先人の研究を少しでも知ることによって、情報リテラシーの能力は確実に高まる。

アメリカ合衆国にある政治宣伝分析研究所が、ナチスドイツの宣伝手法を研究した結果を「政治宣伝七つの原則」として公表している。それらを知るだけでも、情報リテラシーの能力は高まる。七つの原則は以下のとおりである。

まず、第一は「ネーム・コーリング」。攻撃対象の人物や組織・制度などに増悪や恐怖の感情に訴えるレッテルを貼るといった手法である。週刊誌や夕刊紙ではネーム・コーリングが多用されている。ある人物や組織に対するレッテル貼りによって、販売部数を伸ばし、固定的なイメージを作り上げている。政党の機関誌でも使われることが多い。

第二は権力の利益や目的の正当化のための「華麗な言葉による普遍化」である。華麗な言葉によって権力者の邪悪な意図が覆い隠されてしまうことは、多くの政治宣伝を観れば明白である。

●自身の情報リテラシーの検証を

第三は権力の目的や方法を正当化するために「権威」や「威光」を利用する「転換」である。人は権威や威光には極めて弱い。誤った見解であっても、権威のある人々の見解であれば安易に信用してしまう。

第四は尊敬や権威を与えられている人物、成功した人物を用いた「証言利用」である。例えば体重を減量することに成功した人の証言は、これから減量に取り組もうとしている人々に大きな影響を与える。

第五は、大衆と同じ立場にあることを示して、安心や共感を引き出す「平凡化」であり、政治宣伝では多用されている。

第六は、「いかさま」である。自らにとって都合のよいことがらを強調し、不都合なことがらを矮小化したりすることである。敵対する組織・人物のよい面はまったくいわず、悪い面や不都合な面を何倍にも強調して宣伝することである。

第七が、みんなが行ったり信じていることを強調し、大衆の同調性向に訴える「バンドワゴン」である。現実を正確に把握する場合、情報にからみついているこれらのものを取り除かなければならない。そのためにも情報リテラシー能力が求められる。

さらに、社会的な偏見や差別意識に迎合する形で情報が歪曲されている場合、多くの人々には歪曲された情報が正確な情報と映り、歪曲されていることに気づかない。

最後に、自身の情報リテラシーを検証し、情報を正確に把握することの重要性を理解することが重要であることを再度申し上げておきたい。

あとがき

人材とともに情報がすべてを決するといわれる。それは情報の政策としての重要性だけではない。情報は多くの側面をもつ。情報は教育手段にもなれば、広告の手段にもなり、仕事の手段にもなる。また犯罪の手段にもなれば、誹謗《ひぼう》中傷する手段にもなる。さらに政治や選挙で多数派を形成する手段にもなれば、多様な敵を攻撃する手段にもなり、個人データという情報は経済的利益を得る手段にもなる。

このように多様な武器にもなり得る情報を取り巻く環境が、情報発信対象者の詳細な情報収集・分析ができるようになったことによって、収集される側、分析される側が極めて脆弱《ぜいじゃく》になってしまった現実を紹介した。個人の弱点が明らかになれば、その弱点を攻撃すれば容易に攻撃する側が有利になる。「敵を知って己を知れば百戦危うからず」という諺《ことわざ》を読者のみなさんもご存じだろう。それだけではない。ネットを介した情報によって、敵国の電力をはじめとするインフラまで攻撃できるようになった。

上記のように手段としての「情報」は「表現の自由」や「通信の秘密」といった人々の人権とも密接に結びついている。このように多様な側面をもつ情報を操る自由が濫用され、情報が暴走すれば社会は危険な方向に進む。この極めて重要な情報のあり方が根本的に変化しようとしていることを読者のみなさんに深く知っていただきたいとの思いで本書をまとめた。

新聞やテレビは、情報を駆使して権力監視を行ってきた。一方で権力と癒着し情報操作に加担した面もあった。また誤った情報を流し、多くの視聴者に悪影響を与えてきた面もあった。

例えば各種選挙において、市民の投票行動に圧倒的な影響を与えるのはメディア報道である。そのメディア情報の多くは、それぞれのメディアが多くの情報の中からメディアの価値判断に基づいて取捨選択され、加工されたものである。どのように加工されるのかによって、同じ報道でも視聴者・読者に与える影響は大きく異なる。

つまり、メディアが世論を喚起し、高揚した世論が、その高揚した状態からさらに特化した同様の報道を求め、迎合的メディアを支持することにつながる。それらのメディア報道によって、市民がさらに高揚するという構図が顕著になっている。

また、世論に敏感な国会議員が高揚した世論をバックに大衆迎合的な活動を展開し、それらの活動をメディアが報じることによって、議員への評価と世論がさらに高まるといった状況が現出する。その結果、多くの一般市民が間違った政策判断によって犠牲になることもあった。

これらの歴史的に顕著な事例が、第二次世界大戦前・大戦中の報道である。戦争賛美の高揚した社会状況が、メディアの戦争賛美をさらに助長した。その影響を強く受けた大衆が、それらの報道に喝采を送るという構図ができ上がり、軍部、内閣・議会の暴走をさらに加速させた。

長期的な視点で観れば多くの点で誤っていた。当時の多くの市民にとっては、メディアを通じて発表される軍部・内閣等からの情報は、未曾有の市民を戦死に追いやるものとは理解できていなかった。長期的に観れば、計り知れない多くの国の大衆・市民が犠牲になった。このような事態を再び繰り返してはならない。

民主主義が強まれば強まるほど、民意が重要になり、その民意に影響力を持つメディアが強い力を保持することになる。その民意がメディア報道によって、情報操作されれば、冷静な判断を逸脱し、短絡的で一時的な熱狂によって政治的判断がなされてしまう。それは民主政治ではなく、衆愚政治に堕していく。

さらに昨今の世論調査や操作を重視する権力機関とメディアの関係を考えるなら、上記に記した危惧はますます大きくなる。それが「チェック・アンド・バランス」のシステムを溶解し、「癒着・アンド・アンバランス」の傾向を強めることにつながれば、日本社会の将来はデフレスパイラルのようにらせん状に悪化していく。現在がその途上にあるように思うのは私だけではないだろう。それがＩＴ革命の進化にともなうＳＮＳの登場によって一層助長されている。

本書を通じてかつて『ナチズム』という著書を著したエルンスト・ブロッホの「政治とメディアが結託すれば、どんな文化の国もたちまち暴力の国になる」という言葉を想起していただければ幸いである。

本書は、（一社）部落解放・人権研究所が発行している月刊誌『ヒューマンライツ』の連載原稿やその他の原稿を整理し大幅に加筆修正を加えたものである。

最後に拙著の上梓のために、その前提となる連載原稿の執筆のためにサポートしてくれた部落解放・人権研究所のスタッフや、本書をまとめるために支援していただいた解放出版社の方々にお礼を申し上げたい。また多くの友人、仲間、そして心身ともに支えてくれた家族に心より感謝したい。

二〇一九年八月一五日　台風一〇号の影響下にある深夜の自宅にて

北口末広

北口末広（きたぐち すえひろ）

1956年大阪市生まれ。近畿大学人権問題研究所・主任教授。京都大学大学院修了（法学研究科修士課程）国際法専攻。(一財)アジア・太平洋人権情報センター顧問、(一社)部落解放・人権研究所理事、(一財)おおさか人材雇用開発人権センター副理事長、特定非営利活動法人ニューメディア人権機構理事長、NPO法人多民族共生人権教育センター理事ほか。
著書に『人権相談テキストブック』(共著)、『必携 エセ同和行為にどう対応するか』(共著)、『格差拡大の時代—部落差別をなくすために』(単著)、『ゆがむメディア—政治・人権報道を考える』(単著)、『ガイドブック 部落差別解消推進法』(共著)、『ネット暴発する部落差別—部落差別解消推進法の理念を具体化せよ』(単著)、『科学技術の進歩と人権—IT革命・ゲノム革命・人口変動をふまえて』(単著)、『激変する社会と差別撤廃論—部落解放運動の再構築にむけて』(単著)〈いずれも解放出版社〉など多数。

ゆがむメディア ゆがむ社会
——ポピュリズムの時代をふまえて

2019年10月20日 初版 第1刷発行

著者 北口末広

発行 株式会社 解放出版社
大阪市港区波除4-1-37 HRCビル3階 〒552-0001
電話 06-6581-8542 FAX 06-6581-8552
東京事務所
東京都文京区本郷1-28-36 鳳明ビル102A 〒113-0033
電話 03-5213-4771 FAX 03-5213-4777
郵便振替 00900-4-75417 HP http://kaihou-s.com/

装幀 鈴木優子

印刷 モリモト印刷株式会社

ISBN 978-4-7592-6790-7 C0036 NDC 360 211P 19cm
定価はカバーに表示しています。落丁・乱丁はお取り換えします。

障害などの理由で印刷媒体による本書のご利用が困難な方へ

本書の内容を、点訳データ、音読データ、拡大写本データなどに複製することを認めます。ただし、営利を目的とする場合はこのかぎりではありません。

また、本書をご購入いただいた方のうち、障害などのために本書を読めない方に、テキストデータを提供いたします。

ご希望の方は、下記のテキストデータ引換券（コピー不可）を同封し、住所、氏名、メールアドレス、電話番号をご記入のうえ、下記までお申し込みください。メールの添付ファイルでテキストデータを送ります。

なお、データはテキストのみで、写真などは含まれません。

第三者への貸与、配信、ネット上での公開などは著作権法で禁止されていますのでご留意をお願いいたします。

あて先：552-0001 大阪市港区波除 4-1-37 HRC ビル 3F 解放出版社
『ゆがむメディア ゆがむ社会』テキストデータ係

テキストデータ引換券
『ゆがむ社会』
6790